법 관 법

법관법

초판 1쇄 발행일 2014년 12월 28일

지은이 _ 프리드리히 뮐러
옮긴이 _ 홍성방
펴낸곳 _ 유로서적
펴낸이 _ 배정민

편집 / 디자인 _ 심재진

등록 _ 2002년 8월 24일 제 10-2439 호
주소 _ 서울시 금천구 가산동 327-32 대륭테크노타운 12차 416호
Tel _ 02-2029-6661, Fax 02-2029-6664
E-mail _ bookeuro@bookeuro.co.kr

ISBN 978-89-91324-65-0

[홍성방 교수의 법학 번역 시리즈 8]

법관법

프리드리히 뮐러(Friedrich Müller) 지음
홍성방 옮김

유로

머리말_

개별적인 연구들에서 시도하고 있는 구성적 헌법이론의 작업방법은 분석적이다. 구성적 헌법이론은 연구대상의 완전성이 아니라 연구대상의 실례성(實例性)을 요구한다. 기본법의 유형으로부터 헌법질서의 기본적 현상 또는 표면상의 문제로서의 법관법에 대한 질문은 구성적 헌법이론에서 다루어져야 한다.

이 주제는 전통적으로 적절하지 않게 표현되고 있다. 법원이 그 본연의 과제 외에 일반적 규범을 정립할지도 모른다는 것이 구성적 헌법이론에서만 문제되는 것은 아니다. 왜냐하면 법원은 항상 일반적 규범을 정립하고 있고, 일반적 규범 정립은 사법(司法)의 정상적인 업무의 특징이기 때문이다. 법규범과 결정규범의 구별은 바로 이러한 것을 내용으로 한다.

법규범과 규범텍스트를 추가로 구별하는 것은 구성적 헌법이론에서 다루어지는 문제들을 이제부터 바르게 배치할 수 있게 할 뿐만 아니라 또한 "법관법"이라는 문제의 도발을 받아 입법권, 사법권, 집행권 간의 민주적·법치국가적 기능분배가 새롭게 이해된다. 예컨대 더 정확하게는 법규범구성으로 표현될 수 있는 구체화의 구상, 규범 성과 효력의 체계적 구별과 일반조항과 관습법의 취급과 같은 그 밖의 주제들에 대해서도, 즉 방법론과 해석론에 영향을 미칠 수 있는 이론을 제안하는 것에 대해서도 같은 이야기를 할 수 있다.

저자에 대하여 _

이 책의 저자 프리드리히 뮐러 *Friedrich Müller*는 1938년 1월 22일 독일 바이에른 *Bayern*주의 에겐펠덴 *Eggenfelden*에서 출생하였다. 그는 에어랑겐-뉘른베르크 *Erlangen-Nürnberg*와 프라이부르크 *Freiburg im Breisgau*에서 법학을 공부하고 1962년에는 제1차 국가시험에 1967년에는 제2차 국가시험에 합격하였으며, 1964년에는 Korporation und Assoziation. Eine Problemgeschichte der Vereinigungsfreiheit im deutschen Vormärz 로 법학박사학위를, 헤세 *Konrad Hesse*의 조교로 있으면서 1968년에는 Normstruktur und Normativität. Zum Verhältnis von Recht und Wirklichkeit in der juristischen Hermeneutik, entwickelt an Fragen der Verfassungsinterpretation으로 교수자격을 획득하였다.

1968년부터 1971년까지 프라이부르크대학에서 강사생활을 한 후 뮐러는 1971년 하이델베르크대학교 법과대학의 공법, 법철학과 국가철학 교수로 취임하여 1975년부터 1979년까지는 학장을 지내기도 하였으나 1989년에는 건강상의 이유로 은퇴하였다. 1989년 이후에는 자유로운 저술가로 활동하면서 특히 남아프리카 공화국과 브라질 등에서 초빙교수와 연구교수로 연구 활동을 계속하고 있다. 그의 주된 연구 분야는 법이론과 법언어학이다. 그밖에도 그는 페드야 뮐러 *Fedja Müller*라는 필명으로 1980년대 초반부터 시와 산문을 발표하고 있고, 「반 고호의 귀」 *Van Goghs Ohr*라는 문학잡지의 공동발행인이기도 하였다.

이 책은 뮐러가 1975년 이후 계속해서 발표하고 있는 연작물 '헌법이론의 제 요소'(Elemente einer Verfassungstheorie) 중 제4권 Richterrecht을 번역한 것이다. 우리 법학에서 법원(法源)으로서 보통 성문법, 관습법, 판례법을 이야기하는 것에 따르면 이 책의 제목은 판례법으로 옮기는 것이 적당할 것이나, 독일에서 Richterrecht에 대한 논의는 법관의 법계속형성은 정당화되는가라는 문제를 중심으로 행해지고 있고, 주류에 속하는 견해는 이제 판례법을 관습법적으로 정당화하려는 경향을 보이고 있기 때문에 이곳에서는 Richterrecht을 법관법으로 옮기는 것이 적당한 것으로 생각된다.

이 책에서 뮐러는 헌법의 민주주의 원리와 권력분립 원리를 토대로 어떻든 실정법에 환원할 수 없는 법관법, 즉 법관의 법계속형성은 정당화되지 않는다고 주장하고 있다. 그와 동시에 그는 법규범은 선존(先存)하고 사건이 발생하면 법규범에 사건을 포섭하면 된다는 식의 법적 삼단논법모델과 포섭모델(대전제로서의 법규범 → 소전제로서의 사건 → 결론으로서의 판결)의 문제점을 지적한다. 즉 그의 구성법학에 따르면 선존하는 것은 사건이며 일반적으로 법규범이라고 부르는 것은 규범텍스트에 불과하기 때문에 규범텍스트에 사건을 포섭할 수는 없고 구체화과정을 거쳐 규범텍스트로부터 법규범과 결정규범이 만들어져야 한다고 한다(규범텍스트=법문 → 법규범=언어자료의 해석결과인 규범프로그램 + 규범프로그램을 사실자료와 매개한 결과인 규범영역 → 결정규범). 달리 표현하면 일반적으로 판결의 결정주문에서 나타나는 결정규범은 어떻든 입법자(헌법제정자 포함)만이 정립할 권한이 있는 규범텍스트에 반드시 환원될 수 있어야 하며, 규범텍스트에 환원될 수 없는 결정규범을 만들어내는 것(법관의 법계속형성 또는 법관법)은 민주주의원리와 권력분립원리에 비추어 어떤 경우에도 정당화될 수 없다고 한다.

그의 법학저서로는 이 책과 위에 든 것 외에도 Schulgesetzgebung und Reichskonkordat(1966), Normbereich von Einzelgrundrechten in der Rechtsprechgung des Bundesverfassungsgerichts(1968), Die Positivität der Grundrechte(1969, 2. Aufl. 1990), Freiheit der Kunst als Problem der Grundrechtsdogmatik(1969), Strafverfogung und Rundfunkfreiheit(1973), Religionsunterricht als ordentliches Lehrfach(1974), Fallanalysen zur juristischen Methodik(1974), Politische Freiheitsrechte der Rundfunkmitarbeiter(mit B. Pieroth, 1976), Recht - Sprache - Gewalt(1975), Juristische Methodik und Politisches System(1976), Rechtsstaatliche Form - Demokratische Politik(1977), Die Einheit der Verfassung(1979, 2. Aufl. 2007), Das Recht der Freien Schule nach dem Grundgesetz (1980, 2. Aufl. 1982), Leistungsrechte im Normbereich einer Freiheitsgarantie(mit B. Pieroth und L. Fohlmann, 1982), Strukturierende Rechtslehre(1984, 2. Aufl. 1994), Entfremdung(1970, 2. Aufl. 1985, 홍성방 역, 소외론, 유로서적, 2011), Fragment (über) Verfassunggebende Gewalt des Volkes (1995), Wer ist das Volk? Die Grundfrage der Demokratie(1997), Demokratie in der Defensive. Funktionale Abnutzung — soziale Exklusion — Globalisierung(2001), Demokratie zwischen Staatsrecht und Weltrecht. Nationale, staatslose und globale Formen menschenrechtsgestützter Demokratisierung(2003), Juristische Methodik (Bd. I: Grundlagen. Öffentliches Recht, mit Ralph Christensen, 10. Aufl. 2009, Bd. II: Europarecht, mit Ralph Christensen 2. Aufl. 2007), Syntagma. Verfasstes Recht, verfasste Gesellschaft, verfasste Sprache im Horizont von Zeit(2012) 등이 있다.

차 · 례

제 1 장

문제의 제기

"법관법"의 정립을 법학과 판례에서는 "법관의 법계속형성" 또는 "창조적 법발견"[1])으로 이해하고, 겉치레를 덜 하는 쪽에서는 "법률로부터 자유로운 법관의 활동"[2])으로 부르기도 한다.

기본법의 효력범위 내에서 법관법은 현실이다. 사법(私法)의 중요한 제도들, 즉 '계약체결상의 과실'(culpa in contrahendo)과 적극적 채권침해로 인한 책임, 또한 비물질적 손해에 대해서도 일반적 인격권 침해를 이유로 한 금전배상은 법관법에 의하여 형성되었다. 오늘날의 노동법에서 규범적인 것으로 간주되는 상당 부분은 무엇보다도 먼저 판례에 의해 형성되었다. 만연된 견해에 따르면, 수많은 행정법의 법명제들, 이른바 행정법의 일반적 원칙들은 법관법에서 유래되었다. 연방헌법재판소는 법관법을 "현대국가에서 바로 없어서는 안 될" 것으로 인정한다.[3])

그러한 창조적 법관직 수행은, 그 결과를 포함하여, 축하할 현상이다. 그러한 현상은 "국가에 선존하는 법"의 실현으로서, "그 본질상 법관에게만 (접근될 수 있는) 정의의 수단"[4])으로 간주된다. 법관은

---

1) BVerfGE 34, 269ff. (Soraya), 287f.("창조적 법발견"); 65, 182ff.(Sozialplan im Konkurs), 182("법관법"), 190f.("법관의 법계속형성"), 194("창조적 법발견") 참조.

2) *Meier-Hayoz*, Der Richter als Gesetzgeber, 1951, 38.

3) BVerfGE 65, 182ff. (Sozialplan im Konkurs), 190.

4) *Marcic*, Vom Gesetzesstaat zum Richterstaat, 1957, 89, 179.

"원래의 법창조 권력"을 가진다 하겠다.[5] "법관법"에 의하여, "법관의 법계속형성"에 의하여 이른바 흠결이 보완되기 때문에 지배적인 학설과 실무가 "법관과 입법자를 기능상 동렬로" 생각하는 것은 주지하듯이 원칙적으로 반감을 불러일으키지 않는다.[6]

그와는 정반대로 "이 문제가 이론적으로는 실제로 해결되지 않았다"[7]는 것이 주목을 끈다. 법관법의 (형성)과정에 대하여는 법이론적인 숙고가 행해지지 않았다. 법관법이 형성된다면 실제로 무슨 일이 발생할까? 이러한 현상과 그 문제점을 파악할 수 있는 충분한 개념들은 어떤 것인가? 우선적으로 관심사가 되는 문제는 우리 법질서에서 높은 평가를 받는 이러한 구성부분이 정당화될 수 있는가 여부이다. 종래의 논쟁은 이러한 "더 많은 정당함"에 대하여, (단지) 법률뿐만 아니라 또한 전반적인 "가치관"과 법질서에 내재하는 "의미전체"[8]를 말하는 입으로서의 법관직에 대하여 해석론적 경계, 방법론상의 개별적 관점들, 그러나 지나치게 자주 법정책적 신앙고백에 국한되었다. 뷜로브 Oskar Bülow[9]에 의하여 토론이 시작된 후 100년이 지난 지금까지 본질적이고 실질적인 논거들은 모두 동원되었다고 믿어도 무방할 것이다. 그러한 현상에 대한 논거와 태도는 수적으로 대략 일치한다. 즉 법관법은 비합법적인 것으로 단죄받기도 했지만, 또한 실정법에 대해서는 자연법으로서 우위를 인정받기도 했다.[10] 법관법은 법

---

5) *Kriele*, Theorie der Rechtsgewinnung, 1967, 311(홍성방 역, 법발견의 이론, 유로서적, 2013). 저자는 이 문장을 1976년 제2판에서는 삭제하였다.

6) *Krawietz*, Recht als Regelsystem, 1984, 6. 바로 그곳에서 비판은 이른바 "여전히 매우 국한된 해석론적 사고"에 대해서 행해지지 원칙문제에 대해서 행해지지는 않는다.

7) *Bydlinski*, Hauptpositionen zum Richterrecht, JZ 1985, 149 - 동 논문에 의하여 상태를 변경하지는 않았지만.

8) BVerfGE 34, 269ff. (Soraya), 287.

9) 그의 저술 Gesetz und Richteramt, 1885로써.

원(法源)의 문제로 취급되거나 또는 의식적으로 법원론(法源論)에서 분리되기도 한다. 법관법은 일반적으로 유효한 것으로 확장되거나 아니면 그때그때의 결정사건에 그 효력이 국한되기도 한다.11) 법률로부터 자유로운 법관의 활동은 법적 방법론의 문제로 치부되거나 또는 법적 방법론의 숙고와는 무관한 것이라고 주장되기도 한다.

이러한 혼란에 직면하여 우선 법관의 법(계속)형성의 과정을 적확하게 기술하고 그에 적합한 개념들을 정확하게 사용하기 위해서 노력하는 것이 중요하다. 그렇게 하면 법관법을 둘러싼 논쟁에서 여전히 유익한 부분만을 계속해서 추적할 수 있을 것이다. 바로 이러한 것, 즉 의미 있는 문제를 확정하는 것이 주장할 수 있는 대답을 얻는 방법이다. 필요한 것은 이론과 관련하여 널리 알려진 논거들이 가진 다른 의미를 확인함으로써 무질서한 토론을 계속하는 것이 아니다. 필요한 것은 논거들을 구성하는 것이다. 바로 이러한 것이 법이론의 과제이며, 이 문제에 대한 실정헌법의 의미를 고려한다면, 이러한 것은 또한 헌법학의 과제이기도 하다. 법이론적 그리고 헌법이론적 통찰 없이는 방법론적, 해석론적 그리고 특히 법정책적 논거들은 100년 동안 그랬던 것처럼 장래에도 확실한 근거가 없고 그래서 숙고되지 않은 착상들, 정치적인 희망사항들, 실용적인 목적낙관주의에 대하여 쉽게 굴복하게, 즉 저항할 수 없게 된다.

---

10) *Kantorowicz* (Gnaeus Flavius), Der Kampf um die Rechtswissenschaft, 1906, 10이 그러한 입장이다.

11) 마지막으로 언급된 입장은 예컨대 *Isay*, Rechtsnorm und Entscheidung, 1929, 244; Esser, Unmerklicher und merklicher Wandel der Judikatur, in: Harenburg/Podlech/Schlink(Hrsg.), Rechtlicher Wandel durch richterliche Entscheidung, 1980, 217ff., 218, 220("축소복사적" 법의 새로운 형성, "반복적 절차로서의 소혁신"); J. Ipsen, Verfassungsrechtliche Schranken des Richterrechts, DVBl. 1984, 1102ff., 1103에게서 볼 수 있다.

제 2 장

종래의 논쟁의 성과

제1절 법이론적으로 표현할 수 있는 논증의 본보기

독일영역1) 내의 법관법을 둘러싼 토론에서 강조되어야 할 점은 법이론적 원칙문제들에 근접하는 관점들이다. 이로써 원칙문제들 자체를 위해서 행해진 역사적 설명과 지나치게 협소한 개별적 문제들의 해석론적 전문영역과 관련된 연구는 제외된다.2)

법관의 법계속형성, 이른바 자유로운 법발견은 어떤 **방법**에 따라 행해져야 한다는 제안들이 있다. 그러한 제안들이 근본문제를 얼마간 수용할 수 있는 방법으로 취급할 수 있는가 여부는 그 제안들의 방법론적 설득력과 이론적 확증성(確證性)에 달려 있다. 어떤 구상에 따라 — 실정법의 흠결에서 — 우선 "이해(利害)상황이 탐지"되고 잇따라 법관은 다양한 이해관계들을 평가적으로 형량하여야 한다는 것

---

1) 미합중국에 대하여는 *F. V. Cahill*, Jr., Judicial Legislation, New York 1952, 헝가리에 대하여는 *Eörsi*, Richterrecht und Gesetzesrecht in Ungarn, RabelsZ 30(1966), 117ff. 참조.

2) 이러한 이야기는 특히 세법에서의 법관법의 문제에 적용된다. 그에 대하여는 예컨대 *Kruse*, Das Richterrecht als Rechtsquelle des innerstaatlichen Rechts, 1971; *Knittel*, Zum Problem der Rückwirkung bei einer Änderung der Rechtsprechung im Steuerrecht, Diss. Jur. München, 1974; *Rüberg*, Vertrauensschutz gegenüber rückwirkender Rechtsprechungsänderung, 1977.

이다. 유추과정, "실정법질서의 정신", 선결례와 해석론, 법비교, 관습과 입법자료가 그 밖의 근거를 제공한다는 것이다.[3] 그러나 이러한 관점들이 합리적인 한, 이미 그것들은 문제의 법률사건에서 제 기능을 발휘하지 못했던, 즉 흠결의 원인이 되었던 구체화요소에 속한다. 그리고 다른 경우에는 그러한 관점들은 비합리성에 의하여 정당화될 수 없다. 비슷한 이야기를 다음과 같은(방법론적, 이론적 — 역자의 첨가) 출발점에 대해서도, 즉 거부할 수 없는 실제적인 욕구 때문에 불확실한 "사물의 본성"[4]의 이름으로 바로 "법에 반해서는"(contra ius) 아니지만 아마도 유효한 규범텍스트에 반해서("실정법에 반해서" contra legem) 결정하는, 그러므로 가능한 어의(語義)를 벗어나나 그럼에도 불구하고 "전체 법질서"의 "정신과 평가"에 따라 평가하면 "목적에 충실함"으로써[5] 성문법(규범텍스트)을 위반하는 이른바 목적론적 환원을 수행하는(방법론적, 이론적 — 역자의 첨가) 출발점에 대해서도 할 수 있다. 이로부터 그러한 것은 더 이상 역사법학파가 기뻐했을지도 모르는 법질서에 "내재하는 원리들"이 아니다. 그러한 원리들은 정립되는 것이 아니라 발견되는 것이며 정확하게 "때가 이르면" 법의식 속에 나타난다. 역사적 시간 자체뿐만 아니라 또한 바로 전체법질서와 법의 정신도, 원래 전체론적 환상들이 그러한 환상들을 증거로 원용하고자 하는 사람에게 도움이 되는 것처럼, 자체 내에 법의식을 가지고 있다. 현행 실정법에 반하는 결정은 그러한 방법으로 정당한 것이 되지 않는다.

---

3) *Meier-Hayoz*, Der Richter als Gesetzgeber, 1951, 76ff., 163ff., 254ff., 264ff.
4) 이러한 관점을 사용할 수 없다는 것에 대하여는 F. *Müller*, Strukturierende Rechtslehre, 1984, 94ff., 175ff., 333f.
5) *Larenz*, Richterliche Rechtsfortbildung als methodisches Problem, NJW 1965, 1ff., 6f. 그리고 그곳에서 따르고 있는 인용.

그럼에도 불구하고 또는 그렇기 때문에 다른 입장표명들에서는 법관법을 위한 규범적 근거는 전혀 탐구되지 않으며, 그 문제는 존재하지 않는 것으로 간주된다. "헌법 해석론적 관점", 즉 권력분립과 법관의 법기속에 반대하여 "현행법을 결코 법률로부터만 추론하지 말고 항상 판결을 받아들여야 한다는" "현실적 관찰방법"이 동의를 받기도 한다. 법관법을 "넓은 그리고 법질서를 지배하는 현실"로 가공할 수 없다는 모든 입장은 무의미하며 신뢰할 가치가 없다는 것이다.6) 그와 동시에 사람들이 다음과 같은 것을 통찰하지 않으면, 즉 법규범과 규범텍스트, 법규범과 결정규범이 체계상 구별되고 있지 않고 토론할 가치 있는 논거의 무기로서의 판례와 구속력을 가진 법원(法源)으로서의 판례가 혼동되고 있다는 것을 통찰하지 않으면, 그 결과로 사람들은 헌법파괴에 대한 동의를 너그럽게 호의적으로 생각할 수 있다. 다른 저자들은 더욱 신중한 입장을 취하여 헌법문제를 전적으로 내버려둔다. 그 경우 법관법은 그저 기술될 것이다. 그렇게 변화된 조건 하에서 법률은 더 많은 가능한 결정들에 대해서 오직 논리적 틀만을 제공하여야 하며, 그러나 그 경우에는 "메타논리적 판단기준에 따른" 법관의 법계속형성에 의하여 결정이 내려지게 된다.7)

마찬가지로 전형적인 것으로 통하는 법관법에 대한 시각은 물어보나마나 법관법이 존재한다는 사실에서 출발한다. 즉 그러한 시각은

---

6) *Ossenbühl*, in: Allgemeines Verwaltungsrecht, hrsg. v. Erichsen/Martens, 6. Aufl., 1983, 109f.

7) *Säcker*, in: Münchener Kommentar zum Bürgerlichen Gesetzbuch, Bd. 1, 1978, S. 41f. 또한 *Krawietz*, Recht als Regelsystem, 1984, 예컨대 6, 38f.도 다음과 같은 더 이상 심사숙고하지 않은 서술에 만족하고 있다. 흠결을 보완하는 그리고 그럼으로써 법을 계속형성하는 법관은 기능상 입법자와 동렬에 있다. 또한 정상적인 법관의 법발견의 경우에도 법관은 법률 외에 "그 밖의 요소들을 고려하여" 결정한다. 이론을 위하여 혁신적인 것이 들어 있는 사례를 결정하는 경우에는 "규범을 만들어내고 설명하는 이해관계에 대하여 질문이 제기되어야" 한다.

법관법을 그것이 입법부의 법형성행위를 통한 것이든, 법학의 법형성 행위를 통한 것이든 또는 — 판결을 포함하는 — "법생활"의 법형성 행위를 통한 것이든 불문하고 "제도적으로" 형체가 주어진 그런 원칙 이나 법원리로 이해하고자 한다. 그에 따라 역사법학파의 학설에서만 아니라 이곳에서도 실무와 함께 원칙들이 자라난다. 그리고 해석론적 학설은 그러한 원칙들에 생명이 아닌 형태만을 줄 수 있을 뿐이다.[8] 법과 법의 발전은 흘러가는 계속적 과정에, 선결례가 원칙으로 되는 성숙과정에, 판결과 모범적인 해석론의 형식 없는 상호작용에 위임된 다. 결정은 삼단논법적 추론과정이라는 법률실증주의의 시각은 더 이 상 견지될 수 없기 때문에 — 법규범과 규범텍스트를 원칙적으로 혼 동하여 — 규범은 일반적으로 더 이상 법원(法源)이 아닌 그저 법인 식원(法認識源)으로만 이해된다.[9] 법구체화의 형식화된 구성요소들의, 즉 규범텍스트들의 민주적으로 기속력을 가지고 법치국가적으로 형식 을 갖춘 효력의 우위[10]는 그와 동시에 관계있는 방법적으로 중요한 헌법규범들과 마찬가지로 권력분립에서 시작하여 권한질서를 거쳐 사 법권과 입법권의 기속에 이르기까지 무시된다. 법관법은 한편으로는 성립하지 않고 "고안되고 결정되어야"하며, 다른 한편으로는 법관법 은 관습법처럼 규범적으로 지속되어서는 안 된다. 오히려 법관법은 "여전히 그리고 그때그때 각각의 결정과 함께 형성 중에 있는" 것이 다. 이로써 참된 그 무엇이, 즉 한편으로는 법규범과 규범텍스트의

---

8) *Esser*, Grundsatz und Norm in der richterlichen Fortbildung des Privatrechts, 1956, 3. Aufl., 1974, 예컨대 132ff., 248, 279. 본문에서 따르고 있는 인용은 동인, Gerichtsgebrauch und Gewohnheitsrecht, in: Festschrift für Fritz v. Hippel, 1967, 95ff., 115, 129f.

9) *Esser*, Grundsatz und Norm in der richterlichen Fortbildung des Privatrechts, 1956, 3. Aufl., 1974, 134. 본문에서 따르고 있는 인용은 동인, Gerichtsgebrauch und Gewohnheitsrecht, in: Festschrift für Fritz v. Hippel, 1967, 95ff., 115ff.

10) 그에 대하여는 F. *Müller*, Juristische Methodik und Politisches System, 1976, 15f.

비일치성이, 다른 한편으로는 법규범과 결정규범의 비일치성이 감지되고 있다. 그러나 이러한 이야기가 성문법에도 적용된다는 것과 정확하게 그렇기 때문에 성문법의 존립은 결코 "정태적으로 결정되어 있는" 것이 아니라는 것 그리고 법관의 법계속형성은 "부차적 법형성"으로서 법전편찬에 대한 신뢰에도 법률에 이질적인 그 무엇에도 좌우되지 않는다는 사실과 마찬가지로 참된 그 무엇은 파악되지 않았다. 국가권력이 정확히 균형을 이룬 상태에서 한편으로는 규범과 규범의 언어적 표현을 체계적으로 구별하는 것이, 다른 한편으로는 법관의 행위의 헌법적 기초가 동일한 통찰을 하는 원인이 된다. 성문법의 "제도"라는 불확실한 개념에 근거를 두고 있는 법관법학설은 자기수정을 하는 경향이 있으나, "미시적" 법개혁과 "거시적" 법개혁을 구별함으로써 자신의 지나친 요구를 서술적으로 제한한다. 그것이 거시적 법개혁의 의미에서 입법자는 계획적으로만 영향력을 행사한다는 이야기라면, 어쨌든 이제 민주적으로 정립된 규범텍스트의 효력의 우위는 기술적(記述的)으로 인정된다.[11]

법관법적 사고를 대변하는 자들이 경솔하게 빠지는 어려움은 두 개의 전혀 상이한 전략에 의하여, 즉 철학적으로 지나치게 높은 논증의무나 또는 내용 없는, 형식적으로만 규정되는 논증의무에 의하여 대답된다. 두 번째 전략에 대한 실례에서 법관법적 선결례는 시민들에 대해서도 행정부나 사법부에 대해서도 진정한 의미에서 규범적인 구속효를 발생시키지 않는다. 그러나 법관법적 선결례를 통해서 "추

---

11) *Esser*, Unmerklicher und merklicher Wandel der Judikatur, in: Harenburg/Podlech/Schlink(Hrsg.), Rechtlicher Wandel durch richterliche Entscheidung, 1980, 217ff., 220: 판결에 의하여 법규범이 정립되는 것처럼 보이는 곳에서도 "실제로는 그 속에서 개별적인 법규범들이 착실하게 새로운 기능들을 인수하는 반복적 과정으로서의 소혁신이 중요하였다."

정적 구속력",12) "바로 선결정을 무시하여 결정할" 수 없는 미래의 판결에 대한 추가적 논증의무가 성립한다.13) 한편으로는 행동하는 법원의 권위에 대한 경외심이 그것을 암시하고 다른 한편으로는 "선결례가 법적 숙고로써 적절하게 정당화된"14) 한에서만 선결례는 구속력을 가진다. 실정법이 전제로서 문제되는 사건에서 이미 제 기능을 발휘하지 못했음에도 불구하고 그와 같은 일이 개별적으로 그리고 어느 정도로 도대체 가능하여야 하는가라는 문제는 미해결로 남아 있다. "법관법적 개혁"은 주로 의미론적 활동여지들의 (부분적) 과잉으로, 결과상황을 최적으로 평가함으로써, "시종일관된 결정의 논증"에 의하여 ― 그리고 그것도 연역도식의 의미에서 법적 삼단논법으로서의 법관의 활동에 대한 오래된 좋은 견해를 배경으로 ― 논리적으로 가능한 범위나 강도의 선택으로 구성된다는 단언에 대해서도 비슷한 이야기가 적용된다.15) 법적 논증이론의 경우에는 법관법은 추가적 논증의 문제로서만 생각된다. 심지어 "법률적으로 규정된 것과는 반대"로 헌법적으로 규정된 사법부의 법기속을 위반하는 법계속형성16)은 그러한 법계속형성을 제안하는 자에게 단지 "추가적인 논증의 필요성"만

---

12) *Kriele*, Theorie der Rechtsgewinnung, 2. Aufl. 1976, 243ff.

13) *Ossenbühl*, in: Allgemeines Verwaltungsrecht, hrsg. v. Erichsen/Martens, 6. Aufl. 1983, 110f. 그에 따르면 그러한 요청을 주장하고 따르는 것은 "법질서의 어떤 지속성을 유지하기 위하여" 필요하다. 또한 법에 대한 기속과 헌법에 대한 기속을 진지하게 받아들이고 합리적인 방법론에 스스로 기속됨으로써도 동일한 것을 달성할 수 있다.

14) *Larenz*, Methodenlehre der Rechtswissenschaft, 5. Aufl. 1983, 387.

15) *Koch/Trapp*, Richterliche Innovation ― Begriff und Begründbarkeit, in: Harenburg/Podlech/Schlink(Hrsg.), Rechtlicher Wandel durch richterliche Entscheidung, 1980, 83ff., 87ff., 107f. 본문에서 따르는 것은 Koch/Rüßmann, Juristische Begründungslehre, 1982, 287, 258ff., 262에 따름.

16) *Koch/Rüßmann*, Juristische Begründungslehre, 1982, 247에게 있어서는 그와 반대로 "국가이론적으로 논거된 기속요청"을 하는 것으로 생각된다.

을 부담시켜야 한다. 이러한 부담은 커다란 압박이 되지 않는다. 법 "적용"기관은 ― 법률적인 상태를 넘어 ― 추구하는 목표를 명시하고 그 노력이 정당하다는 것을 설명하여야 한다. 법적용기관은 그 노력이 계획된 법관법적 규범과 관련됨을 논증하고 "목표들"이 서로 모순되는 경우에는 마지막으로 최적의 상위규범을 결정하여야 한다. 만일 현행법에 기속되어 있는 사법기관과 행정기관에게 그 무엇이 여태까지 결코 결여된 바가 없다면 평가와 "목표", 선이해와 선입견이 결여되어 있는 것이다. 이는 도덕가인 체하는 진술이 아니라 경험에서 오는 진술이다. 이론적 의미론으로부터 순식간에 실천적 수사학이 된다. 그러한 경우에 법관법은 적절하게 실정법의 정당성에 대한 침해로, 방법론적으로 논증될 수 없는 규범텍스트와는 다른 정당성에 대한 구상을 도입함으로써 발생하는 "사회적으로 야기된 법의 왜곡"으로 묘사된다.[17]

문제를 피하는 다른 형태는 비록 법관법을 정당화하지는 못한다 하더라도 법관법에 찬성하는 이유들을 솔직하게 사법적(私法的)인 관점들과 냉정하게 법이론적인 범주들이 그 앞에서 꼼짝하지 못할 정도로 높은 곳에 둔다. 법률유월적 법계속형성은 실정법 외부에서 행해지나 실정법에 비하여 분명히 더 고차적인 그 무엇, "전체법질서의 지도원리들"[18]을 원용한다. 법적 거래의 필요나 이른바 사물의 본성이나 또는 법윤리적 원칙들을 원용함으로써 규범은 '실정법 밖에서'(extra legem)이기는 하나 ― 그것이 항상 무엇을 뜻하든 ― '법 내에서'(intra ius) 정립되어야 한다. 이러한 범위 내에서 입법자에게는 "주로 합목적성에 대한 문제가 중요하거나 상세한 규율이 필요할

---

17) 그에 대하여 일반적인 것은 *Ryffel*, Rechtssoziologie, 1974, 343.

18) *Larenz*, Methodenlehre der Rechtswissenschaft, 5. Aufl. 1983, 351, 397ff., 401ff., 404ff.

수도 있을"[19) 경우에만 우위가 주어진다.

　이로써 문제는 매우 특정된 의미에서만 '해결'되었다. 일반적으로는, 어쨌든 조직된 법치국가에서는 입법부에 합법성을 결정할 권한이 주어지며, 합법성의 틀 안에서 합목적성의 관점은 그에 상응하는 효력을 가진다. 그밖에도 도대체 결정규범이 구체적으로 무엇을 의미하는가가 질문되어야 한다. 결정규범을 정립하는 것은 사법권(과 집행권)의 과제이다. 입법부에 귀속되는 것은 규범텍스트의 형태로 일반적이고 구속력을 가지도록 제약하는 것이다. 왜냐하면 규범텍스트는 법관법학설에서는 법적 행동의 출발점이자 통제심급이라기보다는 오히려 성가신 부수현상으로 나타나기 때문이다. 법관법의 경우에 법관은 의식적으로 법률의 구체화와 규범의 구체화를 넘어 규범을 정립한다. 법관은 "법을 실현하여야" 하며, 그것도 "법률에 따라, 그러나 법률이 충분하지 않으면 또한 법률을 넘어서도" 법률을 실현하여야 한다.[20) 독일연방공화국 기본법은 그렇게 표현하고 있지 않으며(기본법 제20조 제3항, 제97조 제1항), 또한 법치국가적 권력분립과 기능분배에 대한 일반적 전통도 이를 달리 본다. 그러나 법"의" 실현은, 또한 실정법을 보충하는 또는 실정법에 반하는 법의 실현도, "법사상에 의하여 반드시 손해가 발생하는" 상황을 피하기 위하여 분명히 더 고차적인, 제한된 "법률실증주의적 견해"를 극복하는 규범을 제안한다. 법은 특수한, 즉 빈더 *Binder*에 의하여 매개된, 법을 "주관적 정신과 객관적 정신의 통일체"로서 인식하는 헤겔 *Hegel*과 연결됨으로써 실현된다. 그곳에는 또한 판결에 의하여 "발견된" 원칙들과 제도들이 속한다. 그와 동시에 사법은 그 속에서 객관적 정신이 그 역사적 운

---

19) 상게서, 410.

20) *Larenz*, Richterliche Rechtsfortbildung als methodisches Problem, NJW 1965, 1ff.; 또한 그곳에서 따르고 있는 인용도 참조

동 속에서 유효하게 되는 일반적 법의식과 법률에서 객관화된 정신을 매개한다. 객관적 정신은 아마도 또한 민주주의규범과 법치국가규범에서 그리고 실정(헌)법의 권한규정, 절차규정 그리고 기능규정에서도 나타날 수도 있다는 것은 불안요소로 생각되지 않는다. 논리적 포섭의 흔하지 않은 사례 외부에서 발생하는 "텅 빈 공간"을 적절한 "자료"에 의해서, "법률외적 원칙들"에 의해서 그리고 그것도 인식행위가 아닌 윤리적 행위에 의해서 채우라는 요청은 비교적 사소한 이의(異議)들을 밀어내었다. 그럼에도 불구하고 법률 저편에서는 "정당한 것에 대한 결정"이 문제될 것이다.21) 따라서 법관에 의하여 정립된 규정들은 도덕률의 격률에 의하여, 이른바 법관의 실무에 의하여, "서유럽 문화권의 기본적 견해"와 그리고 또한 이곳에서도 증언석에서 촉구되는 "모든 형평에 맞게 그리고 정의롭게 사고하는 자들의 예절상식"에 의하여 정당화된다.

인정된 법원의 실무, 입증된 (법률)학설과 신뢰되는 사물의 본성 외에도 "모든 시대와 모든 민족의 전문가들"의 공통된 이해로부터 결정되는 법관의 형평성의 제 원칙이 지도적이고 정당화하는 역할을 하여야 한다.

이러한 외관상 극단적으로 반실증주의적인 태도는 의도와는 반대로 법관법의 학설들이 여전히 매우 강하게 법률실증주의의 오류에 사로잡혀 있음을 말하고 있다. 논리적·연역적 포섭이 보여주지 않는 것은 텅 빈 공간과 대조된다. 언제라도 사용할 수 있는 입법부의 명령들 밖에 있다고 상상할 수 있는 것은 공백상태일 뿐이다. 본질적으로 실증주의의 '진공혐기'(眞空嫌忌 또는 充塡現象 horror vacui)는 반드시 법관법적 규범에 의하여 신속하게 채워질 것을 요구한다. 마

---

21) *Wieacker*, Gesetz und Richterkunst, 1958, 5ff., 8f., 9ff. 그리고 같은 곳에서 따르고 있는 인용.

지막에 보고된 두 가지 입장[22)은 "바로 그" 실증주의를 강령적으로 거부하면서도 즉석에서 실증주의적 규범사고와 방법사고를 받아들이는 모순에 빠져 있다. 우선 법률 대신, 실정법 대신 즉시 더 '고차적인', 불확실하고 비규범적인 포섭사고에 따를 수 있도록 법관법은 '법률의', '실정법의' 건너편으로 (그러므로 규범텍스트의 건너편으로) 옮겨진다.

실증주의의 유산은 본의 아니게 법관법을 일반적으로 정당화하는 데서 표현된다. 그러한 정당화는 법관은 법률의 흠결을 독자적으로 보완해도 된다고까지 한다. 그로써 명예에 손상이 간 법질서의 무흠결성에 관한 교의(敎義)는 포기된 것이 아니라 단지 다른 형태로 증명된다는 것은 간과되고 있다. 이러한 이야기는 이미 자유법운동의 창시자에게 해당된다. 칸토로비치 *Kantorowicz*[23)에 따르면 자유법학파는 "법률의 무흠결성 교의"에 반대한다. 그럼에도 불구하고 그는 그로부터 실정법의 흠결과 더불어 살아야 하고 법률의 기속을 존중하여 흠결이 존재하는 곳이면 어디에서나 흠결을 지명하는 결론을 도출해내지 않는다. 그는 다음과 같은 역설적인 결론을 도출해낸다. "자유법으로부터는 결국 법률이 자체 내에서 완결되어야 하며(!), 법률의 흠결이 보완되어야 한다(!)"[24) 이와는 반대로 **경험적으로는** 법관법에 의하여 '완결되고 보완된' 법률작품도 이전과 마찬가지로 이후에도 흠결이 있는 것으로 남아 있게 될 것이라는 것을, **규범적으로는** 어떻든 그러한 그 목표를 달성하지 못하는 행위는 정당화되지 않는다는 것을 이야기하지 않으면 안 된다. 칸토로비치는 선입견에 사로잡혀

---

22) 한편으로는 *Wieacker*, 상게서 그리고 다른 한편으로는 *Larenz*, NJW 1965, 1ff.

23) *Gnaeus Flavius(Kantorowicz)*, Der Kampf um die Rechtswissenschaft, 1906, 13f.; 자연법문제에 대하여는 상게서, 10.

24) 상게서, 14. 원문에는 강조되어 있지 않음.

있지는 않아서 마치 거꾸로 자연법이 새로운 학파의 "자유법의 특수한 형태로" 편입되기나 한 것처럼 법관법에서 "변화된 형태의 자연법의 부활"을 광고할 정도는 아니었다. 법률실증주의에 대한 차이는 단지 법정책적 형태일 뿐이다. 시대에 뒤떨어진 환상이 이제 비로소 바르게 유지되어야 할 것이다. 그러한 환상은 실현해야 할 그 무엇으로, 실현할 수 있는 것으로 생각된다. 즉 무흠결의 법질서가 없어도 혼돈은 부서질 것이라는 것이다. 실증주의적 포섭이론의 오류에 의하여 우선 발견되지 않은 법률부재의 공간은 매우 조속히 보완되어야 한다는 것이다. 자유법학파와 그 이후의 반실증주의적 제 노선은 실증주의의 본래의 잘못된 출발점, 옳지 않은 규범관을 자신들의 적과 공유한다.

또한 자유법학파 내에서 사회학적 방향을 지향한 노선도 실증주의의 난제들과 연루되는 데서 탈출하지 못했다. 에를리히 *Ehrlich*에게[25] "법문에 따른" 결정과 "법문에 따르지 않은" 결정 간의 차이는 단지 정도의 차이에 지나지 않는다. 사건에 적용할 법문(즉 규범텍스트)이 존재하지 않는다면 법관에게는 독자적으로 결정을 내리는 것 말고는 다른 방법이 없다는 것이다. 그러한 경우에 법관은 그가 "모든 여타의 법질서와 관련하여 입법자로서 올바른 것으로 간주할"[26] 법문을 가정한다는 것이다. 그는 "법률의 무흠결성을 근거로" 판결하지는 않으나 "아마도 법질서의 무흠결성을 근거로" 판결할 것이라는 것이다. 후일 판덱텐법학, 법률실증주의 및 개념법학에 의하여 기술화된, 이성법을 본질로 하는 체계사고는 — 그들의 자기이해에 따르면 — 바로

---

25) *Ehrlich*, Freie Rechtsfindung und Freie Rechtswissenschaft, 1903, 14ff., 25f.; 법관직의 인격과 인물선발에 대하여는 상게서, 21, 29f.와 동인, Grundlegung der Soziologie des Rechts, 1913, 3. Aufl. 1967, 106, 138f.

26) *Ehrlich*, Freie Rechtsfindung und Freie Rechtswissenschaft, 1903, 25f.

20세기가 시작되면서부터 엄격하게 반실증주의적 제 학파에서 기이하게도 계속적으로 부활하게 된다. 실정법으로부터 관찰하면 그러한 형이상학은 불필요하다. 개별적인 경우에 '흠결이 있는 실체법과 관련하여 소송법이 법관에게 충분히 명확한 행동지침을 주는 한, 법관에게 내용적인 규범을 스스로 정립하는 것 이외의 다른 선택은 남아 있지 않다는 주장은 잘못이다. 이른바 자유로운 법발견은 실체법의 문제가 아니라는 것을 에를리히 *Ehrlich*는 명백히 하였다. 그는 "위대한 인격(人格)"의 의미에서 "법관의 인격"에 희망을 걸고, "탁월한 인격체들이 세력을 얻게 될 법원조직"27)을 함축적으로 촉구한다.

그렇게 중요한 원칙문제에 대한 빈약한 입장표명은 오늘날까지 그대로 변함이 없다. 상황이 달라지지 않는다면 기본법 하에서도 문제는 풀리지 않을 것으로 생각된다. "새로운 문제들을 정당하게 평가할 수 있는 규범을 정립함으로써" 확인된 흠결을 "종결하는 것은 법관의 임무이다."28) 특정의 사건형성이 입법자에 의하여 파악되지 않거나 완전하게 파악되지 않는 경우, 그러므로 법률이 해석의 방법을 통하여 "적절한 해결책"을 준비해놓지 않은 경우, 흠결은 존재하는 것이다. 법관법적 제 규범은 관련되어 있는 이해관계의 전개에 의해서 그리고 법비교에 의해서 정립된다. 영국법의 법원으로서 뿐만 아니라 또한 일반적으로 "바로" 법의 법원으로서 법관법적 제 규범을 정당화하는 것은 결국 "바로" 정의의 제 원칙, 즉 이성과 도덕과 사회적 유용성의 제 원리이다.29)

---

27) 상게서, 21, 29f.

28) *Coing*, Grundzüge der Rechtsphilosophie, 2. Aufl. 1969, 340f.

29) 그에 반하여 (어떻든 단순법률적으로) 안전장치가 되어 있는 지반 위에서 움직이는 것으로는 자유로운 법발견을 "흠결보충"에 한정하면서도 독일학자들과는 반대로 실정법, 즉 스위스민법 제1조를 증거로 끌어댈 수 있는 *Meier-Hayoz*, Der Richter als Gesetzgeber, 1951. 그는 자신의 연구를 말할 것도 없이 전적으로 실

흠결학설은 '실정법에 반하는'(contra legem) 법률의 계속형성은
허용되지 않고 '실정법을 보충하는'(praeter legem) 계속형성만이 허
용되는 곳에서 적어도 해석론적으로 제한된다. 흠결학설은 법률의 계
획에 반하는 불완전성 내에서, 가능한 어의(語義)의 경계 내에서 해
석된 성문법과 관습법 내에서 기능해도 무방할 것이다. 가능한 어의
는 이러한 종류의 법계속형성과 단순한 해석 사이에 경계를 짓는다.
계획위반을 입증하는 것이 실패하는 경우에는 어떤 흠결도 존재하지
않는 것이다. 법관은 법률의 하인이라는 것이다. 이로부터 필연적으로
실정법률을 넘어서는 법의 모든 보완은 "특별히 정당화되어야 한
다"[30]는 것이 결론된다고 한다.

무제한적인 흠결학설과 법관법학설과 비교할 때 제한을 단계화하
는 것은 인정될 수 있다. 그러나 그러한 단계화가 어디에서 그러한
단계화의 필요성이 있다고 보는가 하는 것은 의문스럽다. 법에 대한
경계는 권력분립과 기능분배로부터 도출되기 때문에 그렇다면 도대체
어느 정도까지 법관법은 정당화되는가라는 질문은 남아 있게 된다.
제한을 단계화하는 생각은 이 문제에 대하여 대답할 의무가 있다. 무
슨 이유로 가능한 어의가 해석과 허용되는 법계속형성을 구별하는 대
신 허용되는 법관의 행동과 허용되지 않는 법관의 행동을 구별하지
않는가에 대해서는 입장표명이 없다. 중요한 것은 흠결의 개념을 정
의하고 왕복 운동시키는 것이 아니다. 그리고 "바로" 법률(즉 존재하
는 규범텍스트)에 고정시키는 것도 중요하지 않다. 중요한 것은 존재

정법의 적용에 한정하고자 한다. 예컨대 상게서, 7. — 법관법을 통하여 보완하
여야 할 "흠결"이 존재한다는 주장의 조작가능성에 대하여. F. *Müller*, Juristische
Methodik, 2. Aufl. 1976, 207ff. 참조.

30) *Canaris*, Die Feststellung von Lücken im Gesetz, 2. Aufl. 1983, 51; 원칙적인 것
은 상게서 예컨대 16f., 30, 33, 40ff., 44ff., 48ff.

하지 않는 "법률"(즉 규범텍스트)이 법관에 의하여 보완되어도 되는가 하는 여부, 기능분배와 권력분립이다. 중요한 것은 도움이 되는 것이 없는 "법의 보완"을 특별하게 정당화할 필요가 아니라 민주적으로 그리고 법치국가적으로 명령된 그리고 법이론적으로 해명된 법규범에 대한 결정규범의 관계와 규범텍스트에 대한 법규범의 관계이다. '실정법을 보충하는'(praeter legem)은 '실정법에 반하는'(contra legem)에 대하여 규범적으로 지지되는, 법의 해석론과 방법론과 이론을 위하여 구성적인 구별은 아니다. 법관이 법률의 하인이라면 법관은 '법률 없이'(sine lege) 결정할 수 없고, 그러므로 규범텍스트에 방법적으로 환원할 수 없으면 법규범과 결정규범을 결정할 수 없다.

법관법을 외부에서 정당화하는 것이 의문시되기 때문에 자유법운동의 주변에서도 최소한 내적으로 경계를 설정하려는 시도를 하게 되었다. 그러나 그러한 시도 때문에 여러 가지 모순이 야기되었다. 그렇게[31] 법관은 창조적 기능을 하기 때문에 법관의 행위가 소송과 소송참가자를 넘어서 "입법자"로서 작용하는 "규범정립적 지위"를 가지는 것으로 설명된다. 만일 기존의 법규범(정확하게는 규범텍스트)이 "완성된 것, 과거의 것, 부동(不動)의 것, 정태적인 것"인 반면 법관법이 동태적인 것이라 하더라도 법률규범과 법관규범 사이에는 본질적인 차이가 성립해서는 안 될 것이다. 다른 한편으로는 법관이 기능을 유월하는 데서 생길 수 있는 우려되는 점은 법관은 "일반적 규범"을, 그러므로 "결정의 대상인 사건을 정당화하기 위해서 필요하지 않은 그리고 그에 대한 결정이 전혀 문제되지 않았던 어떤 경우들을 포함할지도 모르는"[32] 그러한 규범을 정립할 권한이 없다는 것에 의해서 제한된다. 이러한 진술은 ─ 그것이 결정규범과 법규범 그리고

---

31) *Isay*, Rechtsnorm und Entscheidung, 1929, 186, 244, 246.
32) 상게서, 244.

규범텍스트를 체계적으로 구별하지 않기 때문에 — 해석을 필요로 한다. 이러한 진술은 아마도 법관은 규범텍스트를 작성해서는 안 되는 것으로, 규범텍스트작성자, 즉 입법부의 지위를 대체해서는 안 된다는 것으로 이해될 수 있다. 그러나 그렇게 함으로써 우선적으로 인정된 본래의 법관법은 포기될 수도 있다. 또한 오늘날까지도 사건결정과 "개별사건을 극복하고 **미래의** 소송문제를 해결하기 위한 결정척도로서 재판은 물론 그 밖의 실무까지를 형성하고 규정하는"[33] 법관에 의하여 정립된 법원칙을 규명하는 것 사이에서 사람들은 우왕좌왕 갈피를 잡지 못하고 있다.

그와 동시에 이러한 법규범의 질은 — 학문정책적 이유에서이든 정확한 개념이 결여되어 있기 때문이든 — 불투명한 상태에 방치되어 있다. 즉 미래의 법관은 "당장 선결례를 간과하여 판결"할 수 없을지도 모르나, 법관법에 "진정한 의미에서 규범적이고 그리고 그렇기 때문에 원칙적으로 극복하기 어려울 만큼 기속"되지는 않는다 할 것이다. 이러한 상황은 이곳에서뿐만 아니라 종종 법관법의 옹호자들의 문헌에서도 다음과 같은 인상을, 즉 해석론적, 방법론적 그리고 이론적 수단을 가지고 행해진 **규범적** 정당화의 곤란한 문제가 권위적인 논거, 암시적 정식 그리고 인상 깊을 정도로 전체론적인 어휘의 창조 (가치질서, 가치체계, 의미전체, 전체법질서, 법이념)의 방어벽 뒤에서 법적 일상에서 나타나는 법관법이 **사실상** 방해를 받지 않고 효력을 발휘할 수 있도록 하기 위해서 억지로 공개되지 않고 있다는 인상을 주고 있다.

이러한 사실은 규범의 질과 기속효가 솔직히 "법원의 권위"와 더 나아가서 검토하기 어려운 일괄적인 정식에 위임되어 있는 곳에서 입

---

33) *Ossenbühl*, in: Allgemeines Verwaltungsrecht, hrsg. v. Erichsen/Martens, 6. Aufl. 1983, 110f.; 상게서, 본문에서 따르고 있는 인용.

증되며, 법관법적 규범은 "법관의 숙고로써 적확하게 정당화"[34]되어야 한다고 한다. 논쟁이 보여주듯이 바로 "법적" 정당화는 힘들다 — 소송당사자가, 법관이 또는 학적 해석자가 바라는 것이라는 의미에서 실체법이 제 기능을 발휘하지 못하는 것, 즉 합리적인 구체화요소를 모두 동원하더라도 발생하는 실체법의 "흠결"은 법관법에 대한 출발신호이다. 다른 한편으로는 법관법적 규범은 "창조적 성과"이어야 하나, "아직은 법정립행위"여서는 안 된다. 지배적 학설이 실정법의 영역에서 법관법적 규범에 '정상적인' 규범으로서의 특성을 인정하기를 주저하는 데에는 충분한 이유가 있다. 그 대신 지배적 학설은 법관법적 규범에 **사실상** 규범유사적 효력을 부여한다.

몇몇 저자들은 법관법에 헌법적으로 안전장치를 마련함으로써 이러한 딜레마를 모면하고자 한다. "법률 밖에서" 법관법의 판단기준을 탐색함에 있어 — 그것들이 "실정화될 수 있는" 한 — 평등취급 또는 사회국가명령과 같은 헌법제정자의 명시적인 평가가 "방향제시력"을 가져야 한다.[35] 그러나 이제 그러한 경우에는 심지어 실정 헌법이 문제되며, 현행 헌법의 "방향제시력"은 확실하다. 물론 그 경우에는 실정법 밖에서 결정이 내려지는 것이 아니다. 그리고 공권력의 기능을 구별하고 분배하는 민주주의규범들과 법치국가규범들 역시 특히 헌법제정자의 "명시적인 평가"에 속한다.

또한 헌법적으로 효력을 가지는 구속력을 가지는 규범들(특히 기본법 제1조 제3항, 제20조 제3항, 제97조 제1항) 대신에 "국가이론적

---

34) "법률내재적인 법계속형성", 그러므로 흠결보완에 대한 *Larenz*, Methodenlehre der Rechtswissenschaft, 5. Aufl. 1983, 387; 그러나 맥락에 따라 결론을 내리는 것은 또한 "법률 유월적 법계속형성"을 위한 것이기도 하다. 이에 대하여는 397ff. 본문에서 따르고 있는 인용은 상게서, 387.

35) *Wieacker*, Gesetz und Richterkunst, 1958, 11f.

으로 정당화된 기속공준(羈束公準)"이 이야기되는 곳과 실정헌법이 이곳에서 제기하는 의문 대신에 오직 "권한범위 획정의 헌법이론적 문제점"만이 인식되는 곳에서도 또한 법상황은 파악되지 않는다.[36]

그밖에도 토론에서 헌법적 출발점이 인식될 수 있는 곳에서는 한편으로는 그와 동시에 거명된 "원칙들"이 "적절한 규범적 기초"로서 주장되고, 다른 한편으로는 그러한 원칙들이 "'법이념' 자체에 속하는 것"으로서 다시금 의미심장하게 고양된다.[37] 그런 식으로 중요한 것이 된 원칙들은 법적 안정성과 비례적 평등이어야 한다. '증거가 불충분'(non liquet)한 경우에는, 즉 의심스러운 경우에는, "그 밖의 법적 논거들과 대략 균형을 이룬 경우에는" 법관법에 의하여 두 원칙이 유지되어야 한다고 한다. 법관법이 이따금씩만 헌법적 합법성의 외부에서 정립된다면 두 원칙의 목적이 침해되지 않을 수도 있기 때문에, 현행 헌법에서 두 원칙을 더 세분화하고 더 구체적으로 규범으로 만드는 일은 권력분립규범과 같이 똑같은 정도로 고려되지 않고 있다.[38]

법관법의 주장자들 사이에서 헌법에 의하여 법관법을 가장 잘 정

---

36) Koch/Rüßmann, Juristische Begründungslehre, 1982, 247, 253. — 그에 반하여 상게서, 255, 256은 출발점에서부터 헌법적으로 논증된다. 즉 실정법에 반하는 법원의 결정들은 권력분립원리 때문에 허용되지 않는다고 한다. 물론 이러한 이야기는 시민에 대한 국가의 침해권한이 법관법에 의하여 확장될 수도 있는 경우에만 적용되어야 한다(침해행정, 형법, 민법에서 예컨대 금치산선고 가능성). 이러한 제한은 이곳에서 해석론적으로 잘못된 분야에서 취급되고 있다는 것을 가리키고 있다. 이 이야기가 의미하는 것은 또한 오래전부터 이론과 실무에 의하여 부분적으로는 직접적으로, 부분적으로는 간접적으로 급부행정의 영역에 확대된 법치국가적 **법률의 유보**이다. 그에 반하여 **권력분립원리**는 실정법에 반하는 결정뿐만 아니라 또한 실정법을 보충하는 결정들도 불확실한 것으로 만든다.

37) *Bydlinski*, Hauptpositionen zum Richterrecht, JZ 1985, 149ff., 152.

38) 상게서: "권력분립원리의 목적은 법관법의 효력에 의하여 오직 증거불충분의 영역에서는 침해되지 않기 때문에 …"

당화하는 것으로 중요시되는 것은 분명히 "법률과 법에" 집행권과 법원을 기속하고 그리고 그렇게 함으로써 이른바 법실증주의를 거부하고[39] "의미전체"로서의 법질서에 따른 "창조적 법발견"을 포함하는 "엄격한 법실증주의"를 거부하는 기본법 제20조 제3항이다.[40]

그와 동시에 연방헌법재판소는 직접적인 문언논거를 그 어떤 체계적 관련 하에 연관시키지 않고 전적으로 직접적인 조문논거를 중시한다. 즉 "법관의 법률에 대한 전통적 기속"은 "권력분립원칙과 함께 법치국가성의 중요한 구성부분"으로서 본 *Bonn*기본법에서는 "어떻든 표현에 따르면" 제20조 제3항의 규범텍스트에 의하여 "변화되었다"는 것이다. 동 재판소는 사법에 대하여 **특수한** 기속규범, 기본법 제97조 제1항이 "법률에만 복종하는" 법관에 대하여 이야기하는 것을 언급할 가치가 있는 것으로 간주하지 않는데, 하물며 해석론적으로 설명할 가치가 있는 것으로 간주하겠는가. '소라야 *Soraya*결정'이 다른 결정들에 요구하는 전적인 수사학적 비합리주의를 도외시한다면[41] 이러한 논증은 해석론적으로 자체로서 토대를 상실한다. 지배적이 된 제20조 제3항의 해석결과에 따르거나(기본법 제1조 제3항, 제93조, 제97조 제1항과 같은) 그 밖의 기속규범들과의 관계에서도 법원뿐만 아니라 똑같이 집행권도 대상으로 하는[42] "법률과 법"에 대한 기속은

---

39) *Larenz*, Richterliche Rechtsfortbildung als methodisches Problem, NJW 1965, 1ff. 이 저자는 이러한 해석론적으로 논의되지 않은 토대를 근거로 불확실한 "법적 비상사태", "바로" 법사상에 대한 비상사태의 경우에 실정법에 반하는 재판("법률개정적 법계속형성")을 정당화하고자 한다.

40) *Soraya* 결정, BVerfGE 34, 269ff., 287이 그러한 입장을 취하고 있다. 본문에서 따르고 있는 인용.

41) 그에 대하여는 F. *Müller*, Die Einheit der Verfassung, 1979, 43ff.

42) 그럼에도 불구하고 법관법을 찬성하는 자들은 또한 동시에 정부부서와 행정부서가 "통치" 내지 "행정법적" 규범들을, 그것도 법규명령과 행정규칙의 밖에서, 독자적으로 정립할 권한과 과제를 가지는 것에 대하여 이의를 제기하지 않는다.

전체 실정법, 성문법은 물론 관습법에 **대한 기속**으로 이해된다.

이로써 법관법이론에게 고통스러운 **법원**(法源)이라는 지속적인 문제는 다음과 같이 재단되었다. 즉 법관법은, 자유법운동의 초기에 그랬는데, 마땅히 자연법적 서열을 가지거나 실정법을 보완하거나 개정하는 규범으로서 법률적 서열을 나타내는 것이어야 한다. 법관법은 동급의 법원으로서, 다른 한편으로는 "현행법으로서 그 무엇에 대한 인식근거"[43]로서 나타나야 한다. 법관법은 결정의 실질적·형식적 확정력 외에 일반적으로 "직접적인 효력"을 가져서는 안 되고 단지 "설득적 권위"(persuasive authority)[44]만을 가져야 한다. 법관법은 일반적 거래약관, 거래관습, 사물의 본성, 법생활의 필요 및 "법감정"과 함께 "비본래적 법원"으로 치부되어야 한다.[45] 법관법은 특별한 법원으로 이해되어야 하거나, 오직 관습법으로서만 정당화되어야 하거나, 심지어는 법률해석의 변종으로 이해되어야 한다. 법관법은 성문법과는 동일하지 않으나 성문법과 "동등한" "사건규범"의 원천[46] 내지는 "제한된 복종의무가 있는" 법률보다는 하위의 또는 법률에 대하여 더 약한 그러나 그럼에도 불구하고 규범적인 법원으로 이해되어야 한다.[47]

---

43) 이러한 의미에서 *Ossenbühl*, in: Allgemeines Verwaltungsrecht. hrsg. von Erichsen/Martens, 6. Aufl. 1983, 112.

44) *Coing*, Zur Ermittlung von Sätzen des Richterrechts, JuS 1975, 277ff., 279f.

45) 실정법적 예외의 외부에서 법관법에 대하여 헌법재판을 위한 "법적 효력"을 부인하고 "법실무에 대한 그 밖의 영향력"만을 인정하고 있는 *Staudinger/Brändl*, Kommentar zum BGB, Bd. 1 1957, Rdnr. 34ff., 51.

46) *Fikentscher*, Methoden des Recht IV(1977), 예컨대 235, 271, 310, 660.

47) *Meier-Hayoz*, Der Richter als Gesetzgeber, 1951, 예컨대 259. — 예컨대 Olzen, Die Rechtswirkungen geänderter höchstrichterlicher Rechtsprechung in Zivilsachen, JZ 1985, 155ff., 158f.; *Bydlinsky*, Hauptpositionen zum Richterrecht, JZ 1985, 149에 있는 상이한 서술들의 총괄.

법관의 법정립을 찬성하는 이러한 토론상황에서 법원(法源)의 측면을 기속력의 "후순위의 문제"로 표현하고 법관법의 (만일의) 법으로서의 질과 관계없이 법관법의 문제를 토론하는 것이 더 세련된 것으로 생각될 수 있다.48) 법관법은 어떻든 "사실상의 효력"을 가지기 때문에, 법관법은 다른 법원들에 의하여 결정을 정당화하는 데 사용되기 때문에, 이러한 대응은 적절한 것이다. 일반적으로 "사법(司法)은 자신의 권한을 근거로 자기 자신의 결정의 기초를 형성할 수 있고 그렇게 함으로써 실제의 법상황을 규정한다"49)는 것이다.

억제를 통하여 문제를 해결하는 이러한 전략은 이미 기본법 제20조 제3항과, 더 나아가서는 특히 기본법 제97조 제1항과 그리고 또한 다른 헌법상의 기속규범과 결합될 수 없다. 법관의 행위가 가지는 사실상의 효력은 현행 실정법과 규범적으로 관련되어 있다. 사법(司法)은 헌법이 부여하고 제한하는 권한을 근거로 자기 자신의 결정의 기초를 **자유롭게**, 법의 기속을 받지 않고 형성해서는 안 된다. 이로써 법관법의 구속력이라는 문제는 다시 등장할 뿐만 아니라 또한 뜻하지 않게 이 논쟁의 고민거리이자 주요문제라는 것이 증명된다. 오직 법원(法源) 중에서 법관법의 위치에 대한 질문만이 법관법이라는 현상을 해석론적으로, 방법론적으로 그리고 법이론적으로 그렇게 불확실한 것으로 만들 뿐이다. **현행법**은 항상 지금 이곳에서, 즉 그때그때 **결정하여야 할 사건에서 효력을 가진다.** 권력분립, 기능분배, 규범적 기속 그리고 혹시 생겨날지도 모르는 법원의 창조적 자유에 대한 질문은 구체적으로 처리해야 할 법적 사건들 때문에 제기된다. 법관법적 판례가 미래에도 구속력을 가지는가 또는 구속력을 가지지 않는가

---

48) *J. Ipsen*, Richterrecht und Verfassung, 1975, 60f.: "그러므로 법관법의 문제는 우리가 일반적으로 '법'과 관계있는가 여부가 규명되지 않더라도 토론된다."
49) 상게서.

라는 질문은 (실정법 밖에서 또는 실정법에 반해서) 그 규범적 질에 대한 질문에서 대답되지 않으면 **사건에서** 대답될 수 없다. 두 가지 질문은 공통적으로 더 커다란 관련을 가지며, 법관법에 대한 이미 보고된 학설들은 그러한 관련을 피하려는 노력에 놀랄 만큼 커다란 영향을 받고 있다.

제2절 법관법을 둘러싼 토론의 문제

오래된 법관법에 대한 논쟁은 학문적으로 받아들일 수 있는 것 이상으로 법정책적으로 광범위한 영향을 미쳤다. 그 논쟁은 해석론적, 방법론적 그리고 이론적으로 중도에서 정지상태에 빠져 있었다. 새로운 토론, 특히 헌법에서의 토론은 — 헌법제정자에게 규범정립의 전적인 우선권을 주면서 법원의 이른바 본원(本源)의 법창조적 권력을 인정하는 것(크릴레 *Kriele*)과 삼단논법적 추론을 수단으로 헌법재판을 형식논리적 헌법적용에 환원하는 것(포르스트호프 *Forsthoff*)[50]의 경간(徑間)에 상응하여 — 새롭게 점점 더 공준(公準)을 세우는 데 몰두하고 있다. 만일 법관법이 "정당성", "객관성"과 "합리성", "안정성, 계속성 및 공개성"의 제 명령을 따른다면 — 마치 성문법이 가질 수 있는 속성들을 이렇게 불완전하게 열거하는 것만으로 법관법이라는 주제로써 제기된 의문들이 대답되기라도 하는 것처럼 — 그것으로 이미 법관법은 기본법에 대하여 정당한 것이어야 한다.[51]

---

50) *Forsthoff*, Die Umbildung des Verfassungsgesetzes, in: Festschrift für C. Schmitt hrsg. v. Barion/Forsthoff/W. Weber, 1959, 35ff.; ders., Zur Problematik der Verfassungsauslegung, 1961.

51) *H.-P. Schneider*, Richterrecht, Gesetzesrecht und Verfassungsrecht, 1969. — 민법에

그 논쟁은 자주 '법관법'을 어떻게 이해하여야 하는가를 여전히 불명료하게 한다. 이로써 법관의 활동을 '실정법'을 집행하는 것으로 이해하는 것이 독립적이지 못할 뿐만 아니라 또한 법관의 활동이 창조적이기도 하다는 이해가 표현된다. 그러나 이 이야기는 다음과 같이 더 훌륭하게 표현되어야 할 것이다. 즉 처음에 규범텍스트와 결정사건의 단계와 법적 작업의 마지막에 결정규범과 결정되는 법적 사건의 단계 간에는 복잡하고 단지 삼단논법적으로 추론하는 **구체화 과정**과는 전혀 다른 것이 필요하고 그것도 예외적인 경우뿐만 아니라 정상적인 경우에도 그러하다는 것이다.[52] 다른 곳에서는 '법관법'을 현행규범에 **반하거나** 현행규범 **없이 행하는** 사건결정, 더 정확하게 말한다면 '효력'을 가지고 있는 규범텍스트 없이 하는 또는 그러한 규범텍스트에 반하여 하는 결정활동의 예외적인 경우로 이해한다. 법관법이라는 개념을 이렇게 사용하는 두 번째 방법만이 의미 있는 것으로 생각된다. 이와 함께 학설에 대한 검토는 그러한 수많은 변형을 가진 그러한 작용이 허용되는가 여부를 정당화하는 것은 혼란스러울 정도로 다양하다는 것을 보여주고 있다. 법관법을 형성하는 과정에서 실제로 어떤 일이 일어나는가에 대해서는 한 번도 정확하게 기술된 바 없다. 그와 함께 법관의 활동이 가지는 "창조적", "계속형성적" 성격을 엄밀하게 어떻게 이해해야 하는가라는 것에 대한 설명 또한 불충분한 것으로 남아 있다. "법관법"이라는 이름 아래서 사실상 존중되어야 하는 그리고 "단순한 포섭"을 넘어 법관의 활동의 창조적인 것을 확인하는 판결의 원칙을 참조하라고 하는 것은 충분하지 않다. 법

대하여는 *Bydlinski*, Hauptpositionen zum Richterrecht, JZ 1985, 149ff.에 있는 제견해의 수집 참조.

52) 구체화의 구상에 대하여는 F. *Müller*, Juristische Methodik, 2. Aufl. 1976, 104ff., 146ff., 264ff.; ders., Strukturierende Rechtslehre, 1984, 예컨대 184ff., 195ff., 199ff.

관법을 또한 법실현의 다른 문제들과 정확하게 구별하기 위하여 "법률규정이 흠결되어 있다거나, 현재의 법률규정은 흠이 있다거나 불확정적이라거나 또는 다의적이라거나 또는 심지어 모순된다거나 또는 외견상 해당되는 법률규정들이 본건(本件)에는 적절하지 않다"[53]는 것을 확인하는 것도 충분하지 않다.

삼단논법적 포섭이라는 망상은 법관법을 기술하는 데도 또 법관법을 정당화하는 데도 적합하지 않다. 모든 법은 결정과정에 근거한다. 법관은 결정에의 기여를 단순히 심리절차로서가 아니라 논리적 추론으로서 주장할 필요가 있다. 그러나 집행권과 사법권의 규범형성적 결정작업은 법치국가적으로 통제될 수 있고 민주적으로 구속력을 가지기 위하여 법이론적으로 규명되고 방법론적이고 해석론적으로 세분화되고 서술되어야 한다. 그에 반하여 법학이 아직도 법생산이론[54]으로 이해되지 않고 여전히 법'적용'이론으로 이해된다면 법관의 활동은 포섭에서 그치지 않기 때문에 그리고 포섭에서 그치지 않는 한에서만 창조적인 것으로 생각된다. 그럼에도 불구하고 일상적으로 오직 규범텍스트를 넘어서는 곳에서만 법은 '계속' 형성된다. 그러므로 삼단논법모델을 넘어서는 모든 것을 "법관법"으로 표시하는 것은 적절하지 않다. 토론에서는 부분적으로 이른바 '실정법 보충적'(praeter legem) 법발견, 즉 이른바 흠결을 확인하고 보완하는 것 외에 또한 일반조항과 불확정법개념의 적용을 '법관법'으로 본다.[55] 또는 다의적인 구성

---

53) *Maurer*, Allgemeines Verwaltungsrecht, 3. Aufl. 1983, 53f. — "법률규정이 흠결되어" 있거나 또는 "외견상 해당되는 법률규정들이 본건에는 적절하지 않은" 사rjs들은 물론 "법관법"이라는 개념으로 의미 있게 생각되는 과정들을 초래할 수 있다 — 다만 그렇게 함으로써 문제는 기껏해야 윤곽만이 표현될 뿐이다. 그럼에도 불구하고 (법률을 개정하는) 법관법은 "정당할 뿐만 아니라 또한 필수불가결하여야" 한다. Maurer, 상게서, S. 54.

54) *F. Müller*, Juristische Methodik und Politisches System, 1976, 5.

요건 개념의 해석 자체도 법관법에 편입되어야, 즉 불확실한 또는 다의적인 언어사용을 평가하는 해석은 '흠결'의 문제로 취급되어야 한다. 이러한 견해에 따르면 법관법은 직접 "법률로부터" 꺼낼 수 없는, 달리 말하면, 직접적인, 해석되지 않은 규범텍스트로부터 제시되지 않고 우선 구체화를 필요로 하는 모든 결정규범의 형성을 의미한다.56)

이러한 무제한적 언어사용에 대하여 그것이 규정이 흠결되어 있는 경우이든(실정법을 보충하는 것이든 praeter legem) 실정법에 반하는 것이든(contra legem) 법관이나 집행권의 한 부서가 "법률을 무시하는" 사건에 문제를 국한시켜야 할 것이다.57) 사건이 언제 그러한 경우에 해당되는가라는 **방법론적** 구별은 그 후에 행해져야 한다. 이제까지의 논쟁은 가능한 어의(語義)의 판단기준으로써 '실정법에 따르는'(secundum legem), '실정법을 보충하는'(praeter legem) 내지는 '실정법에 반하는'(contra legem)에 따른 구별에 기여하였다. **해석론적으로는** 모든 개별적인 사건에서 법관법적 구성요소들을 포함하는 결정이 구체적으로 자신이 내린 결과를 입증하기 위하여 어떤 법원(法源)을 원용하는지가 심사되어야 한다. 이 문제는 규범텍스트에 환원함이 없이 법관의 결정행위가 허용되는가 허용되지 않는가라는 **헌법적** 문제로부터 분리될 수 없다. 문제제기의 이러한 세 영역은 다음과 같은 **법이론적**(rechtstheoretisch) 영역에 의하여 해석되어야 한다. 구조적으

---

55) 예컨대 *Germann*, Probleme und Methoden der Rechtsfindung, 1965, 111ff., 227ff., 367ff.; *Meier-Hayoz*, Der Richter als Gesetzgeber, 1951, 54ff., 75ff.; Wieacker, Gesetz und Richterkunst, 1958, 7ff.

56) 예컨대 *Kelsen*, Reine Rechtslehre, 2. Aufl. 1960, 350f.; Ross, Theorie der Rechtsquellen, 1929, 331ff., 333; Zippelius, NJW 1964, 1981, 1983.

57) 이는 동시에 허용성의 문제를 제기한다. *H. J. Hirsch*, JR 1966, 334ff., 341: "법관법은 우리와 같은 구조를 가진 법질서에 있어서는 형용모순(形容矛盾 contradictio in adiecto), 더 나아가서는 법파괴이다" 참조.

로 관찰되고 방법론적으로 통제된다면 의문스러운 사건에서 법관(또는 집행권의 부서)에 의하여 정립된 결정규범은 무엇을 근거로 하는가? 그러한 결정규범 일반은 규범텍스트로부터 '도출되는가' 아니면 결정규범이 도출될 수 있도록 그 밖의 단위, 즉 법규범이 법률가에 의하여 비로소 사건에서 형성되어야 하는가?

문제의 복잡성을 무시하고 토론은 조직된 개념구성 없이 이 주제에 접근해도 충분한다고 간주하였다. 앞에서 이야기된 법원(法源)들은 본보기로서 앞으로도 추가될 수 있다. 그래서 현재의 법관법의 현실은 기본법 제20조 제3항("법률과 법")의 틀 내에서 고전적 법률의 기속 완화로 대략적으로 표현되고 독일연방공화국, 즉 "함축적인 의미에서 사법국가"에서 법관법의 문제점은 사법권의 법기속의 범위와 관련하여 사법권의 '권한을 정하는 권한'(Kompetenz-Kompetenz)에서만 보인다.58) 그러나 전통적으로 논증하는 저자들에 있어서와 마찬가지로 이곳에서 그렇게 자주 강조된 창조성은 "규범내용의 새로운 해석"에, "개념내용의 구체적 의미영역을 구획하는" 데, 그러므로 "하나의 사건을 하나의 규범에 포섭하는 것은 결코 단순한 논리적 조작이 아니라"는 사실에 한정된다.59) 시각적 속임수를 통하여, 즉 법규범과

---

58) *Forsthoff*, Die Bindung an Gesetz und Recht (Art. 20 Abs. 3 GG), in: ders., Rechtsstaat im Wandel, 1964, 176ff., 184. 시종일관하게 ders., Lehrbuch des Verwaltungsrechts, 10. Aufl. 1973, 125ff.는 법관법은 법원(法源)에 속하지 않는다고 언급하고 있다. — 그에 반하여 *Forsthoff*, in: Recht und Sprache, 1940, 28ff.는 법관은 "창조적인, 즉 법을 속행하는 사법(司法)을" "할 수 있을" 뿐만 아니라 또한 "권한"도 가지는 것으로 간주하였다. 그리고 그는 법관을 "단순한 실현의 의미에서 그저 법률의 집행자"로만 보려고 하지 않았다. 사법부는 단지 "일반적 성격의 질서급부, 기획, 그 어떤 종류의 민족단체의 개혁과 조장노력에 적극적으로 참여하는" 것만은 부정되어야 한다고 한다. 상계서, 32.

59) *Theodor Geiger*, Vorstudien zu einer Soziologie des Rechts, 1964, 174f.; 또한 상계서, 196.

규범텍스트 그리고 삼단논법적으로 포섭하는 구체화를 혼동함으로써 법관법에 추가된 이러한 사건그룹은 법관법과의 관계에서 차단되어야 할 것이다. 그러나 또한 실제의 사건에 대해서도, "자유로운 법발견" 에 대해서도, 법률과 관습법 외에 제3의 법원으로서의 법관법에 대해서도 "법률, 관습 그리고 유추가 … 더 이상 법창조의 수단으로서 법관의 뜻대로 되지 않는 곳에서" 불분명한 논증이 행해지고 있다. 법관이 "전적으로 입법자의 역할"을 하는 "유추 저편의 이러한 법원"의 경우에도 사정은 일괄적인 고백, 전체론적인 권위를 내세우는 논증에 머무르고 있다. 자유로운 법발견을 위한 차별화된 규칙들은 발견할 수 없으며 법관은 여전히 "규범합치적 법정책적 목적설정의 배후에 있는" "최후의 정당성 사고"에 기속되어야 한다고 한다.[60] 이곳에서 자유로운 법관의 법발견이 "일반적 규범(정확하게는 규범텍스트) 없이" 행해진다면 그것은 의당 "자의적인 행위"여야 한다. 더 정확하게 말하자면 법률규범이나 관습법적 규정이 없는 경우 법관은 "규범('법관법')을 만들어야 하고" 그렇게 되면 그 규범은 관습법과 법률과 마찬가지로 "공식적 실정성"을 속성으로 가지게 된다고 한다.[61]

이 발전되지 않은 서술은, 법관의 행위의 합법률성의 판단기준을 부정하는, 법률텍스트의 해석의 올바름과 결정 자체의 올바름을 구별하는 다른 입장이 그런 것처럼,[62] 법관법을 통하여 제기된 이론적이고 규범적인 문제를 고려하지 않는다.

그렇게 되면 법관법의 성립을 기술하는 영역에서 법률적 규정의

---

60) *Bartholomeyczik*, Die Kunst der Gesetzesauslegung, 2. Aufl. 1960, 119f.

61) *Arthur Kaufmann*, Analogie und "Natur der Sache", 2. Aufl. 1982, 10, 43.

62) *C. Schmitt*, Gesetz und Urteil, 2. Aufl. 1969, 1ff., 22ff., 29, 42(홍성방 역, 법률과 판결 — 법실무의 문제에 대한 연구, 유로서적, 2014)가 그러하다. 상게서, 62: 해석의 올바름은 결정의 올바름의 필요조건이기는 하나 충분조건은 아니다. — 따르고 있는 것은 상게서, 46ff., 55, 71, 78.

내용과 목적보다 더 중요한 법적 확정성의 공준(公準)으로부터 형식적 정의원리와 규범적 이상과 함께 법실무를 위하여 다음과 같은 이른바 자기법칙적인 정당성정식이 도출된다. 법관의 결정은 "다른 법관도 똑같이 결정하였으리라고 가정될 수 있으면 올바르다." 그와 동시에 "다른 법관"은 의당 "현대적 법교육을 받은 법률가"63)로 이해되어야 한다. 다시금 기술적이기만 한 이러한 공식은 갑자기 규범적으로 취급되고, 정언명령의 서열로 고양된다.

지나치게 법관법에 우호적인 입장은 말하자면 어려움에 봉착하고 그 입장이 여전히 문제관련적으로만 생각하고 사건을 포괄하는 법관법적 규범들을 인정하지 않는 정도로 더 이상 자기 자신을 파악할 수 없다. "규범"이 법을 실현하는 과정에서 의당 출발점도 척도도 아니어야 한다면, 즉 규범이 여러 관점들 중의 하나의 '관점'(Topos)으로 된다면, 논쟁은 '성문법—법관법'을 우회하고 있는 것이다.64)

수사학적 법학의 영역에 있어서와 마찬가지로 저항 없이 또한 **비교법적** 논증과 함께 이른바 법계속형성적 법관법은 솔직하게 입법과 동렬에 놓여진다. 입법자가 법률에 의하여 법관법을 교체하거나 변경할 수 있다는 것이 특히 여전히 언급할 가치가 있는 것으로 생각된다. 그들 상호간의 관계에서 그 밖의 것은 같은 방법으로 법률적 규범에 적용된다.65) 기한, 손해배상의 상한선 같은 몇몇 기술적 자료들만은, 따라서 숫자적 규범텍스트 사실들은 의당 입법자에게 유보되어 있어야 한다. 그것은 그렇고 일반적으로 단지 어떤 물적 대상에서 성

---

63) *C. Schmitt*, 상게서, 71; 정언명령에 대하여는 상게서, 78.

64) *Viehweg*, Topik und Jurisprudenz, 5. Aufl. 1974에 대하여는 예컨대 16, 30, 81ff. 토픽적 수사학에 대하여는 F. *Müller*, Strukturierende Rechtslehre, 1984, 예컨대 56ff., 65ff.; ders., Juristische Methodik, 2. Aufl. 1976, 예컨대 77ff.

65) *Zweigert*, Die rechtsstaatliche Dimension von Gesetzgebung und Judikatur, in: Verhandlungen des 51. DJT(1976), Teil K에 대하여는 특히 11f., 14.

문법이 "더 효과적인 법원"이고 그에 반하여 사법부가 입법부보다 법을 더 유효하게 형성할 수 있는 분야는 어디인가 하는 것이 문제된다고 한다. 법원의 행위는, 법률의 해석과 계속형성에서 독자적으로 법문을 발전시키고 결정의 기초가 되거나 개별적인 사건들을 기회로 하여 일반적인 법문을 표현하는 한, 의당 "법관법의 형식적 원천"[66]으로서 중요시되어야 한다. 영미법적 선결례우선의 실무와 그 결정과정을 이해하는 배경에서 보면 법관법의 사실상의 한계는 "법관의 분별력", 법관의 품성 및 "법관의 숙련성과 윤리"와 같은 개념들에서 찾아진다. 그리고 그밖에 — 법률에 의하여 특히 규정된 사건들의 밖에서 — 특히 법률과 법에 기속되는 기본법의 효력범위 내에서 찾아지기도 하는데, 법률과 법에의 기속은 다른 법원들이 선결례에 기속되는 것을 배제한다. 그와 동시에 정확하지 않은 실용주의에 의하여 결정되는 효력개념, 즉 합리성과 개인적 또는 제도적 권위에 의하여 커다란 영향을 받고 있는 '설득적 권위'(persuasive authority)가 지배하고 있으나, 그러한 권위를 고려하더라도 "형식적 판단기준을 가진 법관법의 제 명제의 효력은 아마도 전혀 이해"되지 않는다.[67] 그에 상응하여 또한 법률에의 기속에 대한 고백도 효력개념이 애매모호해지는 것과 같은 정도로 의심스럽다. 왜냐하면 다른 법원들이 형식적으로 기속되지 않음에도 불구하고 선결례를 존중할 "다른 법원들의 의무"는 의당 성립해야 하기 때문이다. 그리고 이는 "선결례를 검토하여 이론의 여지가 없는 객관적인 이유 없이 선결례로부터 이탈해서는 안 된다"는 것을 의미한다. 이로써 또한 법관법도 법정책적 고려

---

66) *Coing*, in: Staudinger/Coing, Kommentar zum Bürgerlichen Gesetzbuch, 12. Aufl. 1980, Einleitung Rdnrn. 214ff.; 따르고 있는 것은 상게서, Rdnrn. 220ff., 224f., 228f., 230ff.

67) *Coing*, 상게서, Rdnrn. 220ff.; 따르고 있는 것은 상게서, Rdnr. 224.

의 상호작용에 맡겨지며, 선결례에 대해서는 사실상 결정적인 기속력이, 그에 반하여 규범적으로는 이유를 댈 수 없는 추정적 기속력[68]이 있다고 생각된다. 그러나 문제가 되는 것은 합리적으로 간주되는 것과 그렇지 않은 것을 둘러싼 논쟁의 의미에서 자유롭게 떠다니는 객관적 논거가 아니다. 이해관계에 대한 숙고와 이해관계의 형량, 법정책적 사고, (자신의 입장의) 합리성에 대한 증거는 **규범텍스트**에 의하여 촉진되고 법치국가적 한계로서 제약된 구체화요소에 의하여 구성되어 있다. 선결례적 관점의 합리성은 또한 법관의 결정규범과 논증이 유사법률로서 공식적 규범텍스트의 기능에서 허위의 서열승격을 받지 않고 자료의 수집으로서만, 논증을 위한 병기로서만 분류되는 경우에도 **본성상** 구체화에 포함되어 있다. 비교를 시도하는 저자들 (에써 *Esser*, 츠바이게르트 *Zweigert*, 코잉 *Coing*, 크릴레 *Kriele* 등) 은 부활된 자연법으로부터도 방법적으로 주장할 수 있는 사회과학으로부터도 정당화되지 않는, 그러나 아마도 기능적으로 양자의 지위를 수용할 것을 요구하는 선한 감정에 의하여 활기찬 법비교로부터 정당화될 수 있는 균등화적 유형학에 의하여 이러한 규범적·체계적 핸디캡을 지워 없앤다.

그에 반하여 순수법학의 진술은 어쨌든 **자체에서** 설득력이 있다. 순수법학은 법원에 의한, 결정의 언도에 의한 개별적 규범의 정립을 헌법제정과 입법에서부터 인가와 그 집행에 이르는 연속성의 범위 내에서 본다. 법적용과 법관의 규범정립 간의 차이는 유동적이다. 왜냐하면 법적용의 경우에도 "법원의 기능은 법창조, 즉 개별적 규범의 창조"이기 때문이다.[69]

---

68) *Kriele*, Theorie der Rechtsgewinnung, 2. Aufl. 1976, 195.

69) *Kelsen*, Reine Rechtslehre, 2. Aufl. 1960, 242f., 247f., 250, 255ff.; 상게서, 256ff. 법정책적 입장 표명. — 이러한 맥락에서 켈젠 *Kelsen*에 대하여 일반적인 것은

일반적 법규범에 대한 결정규범(개별적 규범) 및 또한 법규범과 구별되지 않는 규범텍스트에 대한 그 귀속가능성의 관계의 문제는 관찰되지 않는다. 켈젠 *Kelsen*에 따르면 결국 법은 "구체적 사건에 적용할 일반적 규범을 확정하는 데서(만)"[70] 발견되어야 한다고 한다. 그러나 이 말이 뜻하는 바는 법은 사건에 의하여 촉발된 규범텍스트 가설을 처음으로 형성하는 데서, 즉 해당되는 것으로 생각되는 규범텍스트를 사건을 해결하기 위하여 도입하는 데서 발견되어야 한다는 것이다.[71] 최초의 법관법적 사건들에서 법원은 "헌법이 일반적으로 입법에 대하여 일반적 법규범을 창조하는 데(정확하게는 규범텍스트를 정립하는 데)[72] 부여하고 있는 재량"에 비교할 수 있는 넓은 활동여지를 가진다. 여기서 생각되고 있는 것은 성문법에 대한 헌법의 실질적 규정들이지, 권력분립, 기능규정 그리고 권한규정과 같은 조직규범이 아니라는 것은 분명하다. 왜냐하면 켈젠은 오로지 실질적으로 헌법에만 기속되는, 그 밖에는 이른바 법관법적 규범의 자유로운 정립을 그가 형법의 특히 분명한 예에서만 입증하고 있는 소급효의 법치국가적 측면과 관련해서만 문제 삼고 있기 때문이다.[73] 규범적·체계적 근본문제들은 순수법학에 의해서도 파악되지 않는다. 오히려 순수법학은 중도적 입장, 즉 입법부를 통하여 사법을 고전적이고 유럽대륙적으로 프로그래밍하고 영미법적 보통법의 의미에서 법원에 의하여 법이 창조되어야 하는 유연성과 법적 안정성의 조정이라는 법정책적 노선을 암시할 뿐이다.

Pardon, Reine Rechtslehre und Richterrecht, in: Rechtstheorie Beiheft 5(1984), 369ff.

70) *Kelsen*, 전게서, 243.

71) 이에 대하여는 F. *Müller*, Strukturierende Rechtslehre, 1984, 예컨대 263ff., 433ff.

72) *Kelsen*, 전게서, 236ff., 270ff.

73) 전게서, 250f.; 본문에서 따르고 있는 것은 전게서, 256ff.

제3절 실증주의 이후의 원칙비판

　법원의 창조적 활동에 대한 이의제기는 법관법을 둘러싼 토론이 시작된 때부터, 법률실증주의에 대한 표면적 논쟁 이후부터, 즉시 다시금 이미 실증주의가 실패라고 선언한 규범관의 모순에서 정도를 벗어나 있다. 실증주의는 19세기 중엽에 그때까지 의문시되지 않은 자연과학의 방법론적 전형(典型)을 무비판적으로 법에 전용하였다. 법은 정적(靜的) 존재로, 법규범은 가설적 판단, 명령적 의지 그리고 형식논리적으로 체계화된 대명제로 오해되었다. 법과 현실, 규범과 규범화된 현실의 단면은 "원래" 무관하게 병존한다. 그것들은 신칸트학파의 "존재"와 "당위"의 분리라는 원칙에 충실하게 서로 대치하고 있다. 그것들은 이른바 사실을 규범적 대명제에 포섭하는 방법을 통해서만 만난다. 그 기초는 법규범을 법규범텍스트와 혼동하는 것이며, 이는 법률실증주의뿐만 아니라 그 이후의 반실증주의적 출발점에게도 무의식적으로 커다란 영향을 미치고 있다. 그 결과 실증주의에게는 언어법칙의 해석방법론으로서만 방법론이 있다. 규범텍스트 밖에서 획득되는 것은 법학을 넘어서는 것으로 간주된다. 그러나 반실증주의적 시도들도 포섭을 넘어서지는 못하며, 법률적 사실의 개념이 아닌 다른 언어텍스트에 포섭할 뿐이다. 만일 법관이 독자적으로 규범을 정립한다면, 그는 양적으로만 확장된 그리고 예나 지금이나 순 언어적인 기반 위에서, 존재하는 규범텍스트의 법칙을 넘어서는 법칙에 포섭거나 아니면 규범텍스트가 존재하지 않기 때문에 예컨대 "도덕률의 규범들", "서구문화권의 기본적 관념들"과 같은 자유롭게 끌어들일 수 있는 법칙들, "형평(성)", "정의", "사물의 본성", "확증된 법이론", "법질서에 내재하는 원리들"[74]과 불명확한 의미에서 더 높은,

유사규범적 심급에 해당되어야 할 유사한 언어형상에 포섭하여야 한다. 그러한 유사규범들은 "정립되기"보다는 오히려 "발견되어야" 한다. 중요한 것은 결정이 아니라 법"인식"이다. 법관법의 정립을 정당화함에 있어 포섭사고에의 복귀, 더 정확하게는 포섭사고에 머물러 있음, 반실증주의적 실증주의가 중요하다는 것은 법관법의 주장자들의 논거에 의하여 해명된다. 법률적 "대명제"에 포섭하는 것이 이곳에서 가설적으로(실정법 밖에서 또는 실정법에 반하여) 더 이상 수행될 수 없기 때문에 그러한 포섭은 "바로 그" 법질서, "바로 그" 법이념, 법질서의 "전체의미"의 비호 하에 놓여지게 되며, 그것도 실정법을 초월하거나 실정법에 반해서 그렇지만 "여전히 계속해서 '법 내에서'(intra ius)" 행해진다.

법관법에서 현실적으로 생산적인 것, 즉 발견 대신 정립은 한 번 더 부정된다. 독자적인 결정작용에 대한 책임을 추상적 심급, 보통 입법자에게 전가하는 것은 처음부터 법률실증주의의 특징 중의 하나였다. 이론적인 설득력 없이 법관법의 **정립**은 무리하게 **논증**사고로 되돌려지며,75) 삼단논법모델과 포섭명제는 양적으로 확장된 기반 위에서 반복된다. '법'(ius)은 기능적으로 '실정법'(lex)의 자리를 차지한다. 실제적 행위에서 순화된 법학에 대한 통찰은 "바로 그" 법을 법의 실정화 밖에서 인식적으로 "발견"할 수 있어야 한다. 실정법을 초

---

74) 이러한 예들은 *Wieacker*, Gesetz und Richterkunst, 1958, 10ff.; *Larenz*, Richterliche Rechtsfortbildung als methodisches Problem, NJW 1965, 1ff.에 있다. 또한 이하의 요청들에 대한 인용은 예컨대 *Larenz*, 7.

75) **논증사고**와 **심사사고**의 비교에 대하여는 H. *Albert*, Erkenntnis und Recht. Die Jurisprudenz im Lichte des Kritizismus, in: Jahrbuch für Rechtssoziologie und Rechtstheorie 2(1972), 80ff. 참조. 법실증주의에서 법관법이론의 출처를 보는 것에 대하여는 이제 자세하게 *Christensen*, Das Problem des Richterrechts aus der Sicht der Strukturierenden Rechtslehre, ARSP 1986.

월하는, 즉 규범텍스트를 초월하는 그러한 정당화 심급은 모든 법결정이 포섭에 의하여 도출되지 않으면 안 된다는 강박관념으로부터 성립한다. 그에 반하여 우선적으로 중요한 것은 발견되지 않고 **고안된** 법관법적 결정의 제 요소를 기술하고 분류하여 그것들을 법이론적으로 토론할 수 있는 개념영역에 정서(整序)하는 것이다. 이러한 일이 행해지지 않는 한 법관법이론은 자신의 은폐된 실증주의를 자각하지 못할 것이다. 그때까지 법관의 활동의 창조성은 단순한 규범텍스트를 넘어서는 데서 탐지되며, 규범텍스트 계속형성은 "법"계속형성으로 오해될 수 있다.

법질서의 **무흠결성**이란 의미에서 **법질서의 통일성**과 관련하여 비슷한 오해가 밝혀졌다. 법관법의 대변자들은 그들이 그것에 대항해서 싸운다고 생각하는 실증주의와 결국 이러한 환상적인 이상을 공유한다. 법은 법문들의 무흠결의 체계로 간주된다. 별안간에 나타나는 모든 법적 문제는 법에 의하여 반드시 선취되어 있다. 인간의 모든 공동작용은 추상적 법문의 "적용" 또는 "집행" 내지는 법문에 대한 "위반"으로 설명되어야 한다. 흠결은 예정되어 있지 않다. 그럼에도 불구하고 흠결이 발생하는 곳에서는 인간의 모든 공동작용은 실정법의 지도적 제 원칙으로부터 이중적 의미에서, 즉 원리로부터 사건에 연역적으로 또한 사건에서 나타난 빈자리를 새롭게 구성된 규범에 의하여 법적 구성을 추론하여야 한다. 그 점에서 법관법의 이론은 놀랍게도 법률실증주의와 입장을 같이한다. 법실증주의에 있어 더 높은 일반적 법개념들은 "원래" 존재하는, 모든 법제도와 법적 문제를 확실히 예측한 선존하는 그 무엇이다. 중요한 것은 예컨대 명령구성의 필요성을 시인할 뿐만 아니라 또한 실무의 생각할 수 있는 사건들을 실제로 미리 결정할 것을 주장하는 것이다. 미래의 모든 법형성은 "일반적 법개념의 실제적인 적용이자 조합일 뿐"이다. 가능한 미래의 모든

법적 제도는 반드시 "하나의 더 고차적이고 더 일반적인 법개념"에 종속될 수 있다.[76]

또한 법관법도 "흠결"이 있으며, 흠결을 완결해야 할 필연성에 의하여 정당화된다.[77] 법관법의 대변자들에게 무의식적으로 존재하는, 법전편찬사고와 관련되어 있는 엄격한 체계개념은 이성법, 판덱텐법학, 실증주의와 개념법학의 후기 유산이다. 근대 유럽대륙의 영조물국가의 체계화되고 형식화된, 독점되고 관료화된 법이 본질적으로 완결되었다는 환상이 끝나고 난 후에도 최소한 법학은 개념적으로 완결된 이론으로 작동해야 마땅한 것이었을 것이다. 그러므로 결정을 논리적으로 체계, 개념 그리고 명제로부터 도출하고 법적 사건을 삼단논법적 포섭에 의하여 해결하려고 한다. 법개념들은 제 공리(公理)의 전체라고 생각된다. 사회적 현실을 법적 작업의 영역에서 추방함으로써 내용적 조화와 흠결로부터의 자유라는 의미에서 외관상으로는 통일이 달성된다. 은폐된 방법으로 "바로 그" 법이념, 법질서의 무익한 전체 의미, "지도적 제 원리"와 유사한 것들로부터 결정을 도출하는 법관법에 관한 이론은 "순 법적으로" 대처하려는 고전적 법률실증주의와 공통점을 갖는다. 그러한 한에서 자유법학파, 이익법학 그리고 최근의 반실증주의적 학파들은, 그들이 이른바 개방적, 단편적, 비공리적 또는 유동적 법체계를 언급한다 하더라도, 실증주의를 출발점으로 삼는다는 점에서는 하나도 변한 바가 없다. 또한 문제변증론, 정신과학적

---

76) *Laband*, Das Staatsrecht des Deutschen Reiches, 5. Aufl. 1911 — 1914, Bd. 1, Vff. 실증주의적 출발점의 분석에 대하여는 F. *Müller*, Juristische Methodik, 2. Aufl., 1976, 56ff., 125ff. 참조.

77) 예에 대한 비판에 대해서는 전게서, 207ff. 법질서의 무흠결성의 이념에 대한 법리적, 방법론적 그리고 헌법이론적 관점에서: F. *Müller*, Die Einheit der Verfassung, 1979, 예컨대 44f., 98ff., 110ff.; ders., Artikel "Einheit der Rechtsordnung", in: Lexikon des Rechts.

해석학, 결단론과 통합론도 — 법관법논쟁의 내외에서 — 규범과 규범개념에서 시작하는 대신 실증주의에 대한 세부적 비판에 한정되어 있다. 그밖에도 그들의 상대방과 마찬가지로 그들은 법질서의 "통일성", "총체성" 그리고 "완결성"을 법전편찬의 제 규범의 **실정성**과 **동급성**(同級性) 및 현재 존재하는 규범 자체의 일상적인 **동일성**과 혼동하였다. 그들은 더 이상 강령으로서는 그렇지 않지만 아마도 본질적으로는 법을 통일체로, 개별적인 결정들을 논리적 포섭으로 이해하는 (비록 법관법에서 비법률적인 언어법칙 하에 있는 그러한 것이기는 하지만) 실증주의의 이루어질 수 없는 꿈을 그리고 모든 규범텍스트 (법관법의 경우에는 더 '상위의' 정당화정식)에 교의화(敎義化)되지 않은 사회질서의 제 요소를 법률가의 학문실천적 작용으로부터 차단할 수 있다는 환상을 공유하였다. 왜냐하면 외관상으로 완결된, 흠결 없는, 조화로운, 추상적으로 물화된 법체계는 그 역사적, 정치적 조건들과 그 객관적, 사회적 내용들을 무시함으로써만 형식주의적으로 제 개념에 압축되고 논리적으로 조작되기 때문이다. 그와 동시에 법관법에 관한 학설은 법률선집에 수록되어 있는 텍스트들을 실정법으로 간주하는 실증주의의 오류를 공유한다. 이러한 텍스트들은 사건에서 적용하는 '유효한' 기초자료를 언어적으로 표현한 것들의 총체, 즉 규범텍스트의 집합일 뿐 복합적, 구성적 형성물로서의 법규범들의 집합은 아니다. 또한 그렇게 해서 "법"계속형성을, 법관법토론의 중요한 부분을 광범위한 예로써 채운 단순한 규범텍스트의 "계속형성"으로 외견적으로 혼동하는 일이 가능할 수 있었다.

법에서 현실의 역할이 무엇인가라는 본질적인 문제는 우리가 그 문제를 체계적으로 취급함으로써 해결되지 않았다. 현실주의적인 구상을 하는 자들에게 법규범은 구성되는 것으로 그리고 언어자료의 해석의 결과, 규범프로그램, 규범프로그램과 일치되는 사실자료의 집합 그리고 규범영역이 결합된 것으로 생각된다. 분류하는 것과 분류하여야 할 것은 객관적으로 밀접한 관계를 맺고 있으며, 방법적으로 합리적으로 매개된다. **규범텍스트**는 법규범의 개념적 구성부분이 아니다. 오히려 규범텍스트는 법적으로 결정하여야 할 **사건**과 함께 개별적인 구체화과정의 매우 중요한 **기초자료**를 형성한다. 그러므로 법규범은 그 규범텍스트와 구별되어야 할 뿐만 아니라 또한 법규범은 결정규범과도 구별되어야 한다. 모든 구체화요소[78])의 영역 내에서 규범조작의 방법학은 **언어자료**와 **사실자료**를 체계적으로 구별하여야 한다.

언어자료는 본질적으로 구체화의 언어적 수단이다. 예컨대 텍스트는 입법부의 제 기관에서 형성된다. 언어자료를 해석한 결과로 **규범프로그램**이 생겨난다. 사실자료는 사실로서, 자연적, 역사적, 사회적 현실의 작은 부분 또는 제 구조로서 생성되었다. 사실자료는 언어적 표현과는 무관하게 존재한다. 그러나 사실자료가 논거로 사용될 수 있으려면 언어로 표현되어야 한다. 그러므로 언어자료는 일차적으로 언어적 구체화요소이며, 사실자료는 이차적으로만 언어적 구체화요소이다. 규범프로그램에 배열되고 규범프로그램에 한정된 사실자료를 매개한 결과로 법규범의 **규범영역**이 생겨난다. 이는 작업방법적으로는 다음과 같은 것을 의미한다. 사실내용은 맹목적으로 구체화과정에 입장할 수 있는 것이 아니라 규범지향적이고 일반화될 수 있는 형태로만 구체화과정에 입장할 수 있다. 이와 관련해서도 실증주의 이후의 법적 방법론은 현행법에 따라 결정을 내려야 하는 법률가는 **사건**에서 출발한다는 규칙을 발전시켜야 한다. 법률가는 사건이 가지는 특징을 이용하여 소위 현행법의 규범텍스트집합으로부터 그의 선지식

---

78) *F. Müller*, Juristische Methodik, 2. Aufl. 1976, 146ff., 198ff.; ders., Strukturierende Rechtslehre, 1984, 예컨대 147ff., 168ff., 184ff., 225ff., 250ff., 323ff. 참조. 구체화과정의 동적 진행모델에 대하여는 전게서, 예컨대 340ff., 433f.

에 따라 그가 해당된다고 간주하는 **규범텍스트가설**을 선택한다. 이러한 규범텍스트가설로부터 법률가는 규범텍스트가설의 선택을 통하여 해당되는 것으로 간주되는 법규범의 **사항영역**에 이르게 된다. 작업경제적인 이유에서 법률가는 이러한 사항영역을 원칙적으로 **사건영역**에 한정하고 전체적인 언어자료를 해석한 결과 규범프로그램을 작성한다. 규범프로그램을 이용하여 법률가는 사항영역 내지는 사건영역으로부터 규범적으로 작용하는 사실들의 부분집합, 즉 규범영역을 선택한다. 그렇게 완성된, 규범프로그램과 규범영역으로부터 구성된 **일반적 법규범**을 법률가는 **결정규범**에 이르는, 즉 제기된 사건에 대한 국가적 반응을 구속력 있게 선언하는 작업과정의 마지막 단계에서 개별화한다.[79]

법관법학설은 결정을 오직 법률로부터 "도출되는 것"으로만 이해할 수 있다는 논증사고를 전제로 하며, 더 나아가서 법률을 성급하게 규범텍스트와 동일시한다. 규범텍스트로부터 연역될 수 없는 모든 것은 주관적인 장식물로 생각된다. 결정이 자의적이지 않기 위해서는 결정은 정립되지 않고 발견될 것이 가정된다. 결정은 현행법으로부터는 아니나 아마도 의당 더 고차적인 제 원리로부터 취해져야 하며, 이는 결정이 그러한 원리에 포섭되는 것으로 생각된다는 것을 의미한다. 그렇게 법관법의 관념은 실정법률의 외부에서 성립한다. 규범텍스트를 넘어서는 과잉, 삼단논법적 포섭의 초월은 이른바 실정법으로부터 확인할 수 없는 **피안**에, 그러나 사실은 규범**텍스트**집합의 저편에 있을 뿐이다. 이로써 법관법은 처음부터 잘못된 출발점에 서 있으며 민주적 기속과 법치국가적 통제라는 규범적 척도를 이탈하고 있다.

핵심에 있어 여전히 실증주의적인 규범이해는 아무튼 창조적인 결

---

79) 규범구체화 과정의 제 요소와 주요단계에 대한 도식적 설명은 *F. Müller*, Strukturierende Rechtslehre, 1984, 434.

정작업의 일상적인 경험에 직면하여 흠결정률(定律)에 의하여 구제되어야 한다. 흠결정률은 다시금 무흠결의 법질서라는 이념, 즉 법전화된 이성법과 후기 법률실증주의의 근본적인 관념 중의 하나에 의거한다. 자유법학파 이후의 반실증주의적 경향의 입장에서 보면 법률 없이 결정을 내리는 것을 정당화하지 **않는** 것만이 논리적으로 모순이 없는 것이었을지도 모르며, 경험적 실상으로서 법질서의 흠결성을 인식하는 것만이 진지하게 고려되었을 수도 있다. 그렇다면 법관법에 관한 학설은 존재하지 않았을 수도 있을 것이다. 그러나 법관법에 관한 학설은 실정법률의 피안에 존재하는 법관법 자체는 창조되는 것이 아니라 발견될 뿐이라는 주장[80] 앞에서 후퇴하고 말았다.

규범텍스트만을 이해하는 실증주의의 정태적인 규범이해는 법관법 이론을 오도하여 규범텍스트를 넘어서는 모든 것을 이미 **법**계속형성으로 평가하고 토론의 한 부분을 잘못된 영역에서 수행하게 하였다. 그에 반하여 법치국가적 문언의 한계[81]를 넘어서 결정을 내리는 법관법의 다른 부분은 분명하게 토론되어야 할 것이다.

두 가지 이해는 성문법과 법관법을 구별하는 점에서 공통점이 있다. 보통의 결정규범들은 법률로부터 도출되거나 법률로부터 이해되거나 법률로부터 끌어내져야 한다. 그에 반하여 법관법적 규범은 법률의 피안에 존재하는 그러한 결정규범이라는 것이다. 실증주의의 경우 법규범은 변화되지 않고 있는 그대로 사건에 적용된다. 법규범은 논리적 대명제로서만 삼단논법적 추론과정에 기여한다. 그에 반하여

---

80) 예컨대 소라야·결정(Soraya-Beschluß), BVerfGE 34, 269ff., 287이 그러하다. 비판으로는 F. *Müller*, Juristische Methodik, 2. Aufl. 1976, 예컨대 62.

81) 이에 대하여는 F. *Müller*, 상게서, 예컨대 205ff., 267f.; ders., Strukturierende Rechtslehre, 1984, 155ff., 168ff.; ders., Rechtsstaatliche Methodik und Politische Rechtstheorie, in: Rechtsstaatliche Form — Demokratische Politik, 1977, 271ff., 274f.

사실상 구체화행위에 의하여 변화되지 않는 것은 규범텍스트이다. 단순한 규범텍스트와는 반대로 규범은 법관이나 그 밖의 구체화 기관에 의하여 일단 사건에서 작성되거나 구성되어야만 그로부터 법적 결과를 도출할 수 있다. 구성법학은 법규범과 규범텍스트를 체계적으로 구별함으로써 구체화과정에서 변화되지 않은 것을 '변화된 것'뿐만 아니라 또한 법적 작업을 하면서 비로소 만들어진 것을 사실적으로 구별할 수 있다. 그렇기 때문에 사법은 (집행권에 의한 규범구체화와 똑같이) **원칙적으로** 창조적이다.[82] 그렇다면 규범텍스트(실증주의적으로는 '법률')의 피안에서 작용하며 그리고 그러한 한에서 창조적인 '법관법'은 더 이상 특별한 것이 아니며, 법의 모든 '적용'은 법관법을 내용적으로, 요컨대 동일한 규범텍스트에 방법적으로 편입되는 새로운 법규범을 작성함으로써 풍부하게 만든다는 데 대한 증거일 뿐이다. 이러한 한에서 전통적인 법관법이론은 입지가 없다.

실제로 관찰하여 사회의 규율필요성에서 판단하면 모든 법질서는 **불충분**하다. 그러나 동시에 법질서는 단지 법적으로 형식화된, 실정화된 규율필요성이 중요한 한에서는 **충분**하다. 법치국가에서 법적 취급에 대한 사회적 필요성에 대한 대답은 실정화된 질서의 틀 내에서 주어져야 한다. 이러한 대답은 결정규범의 형태로 이미 정상적인 경우에는 '법률(규범텍스트)의 적용' **이상의** 것이다. 법률의 적용이 창조적으로 기여하는 바는 방법적으로 적절히 가공된 구체화요소들에 비추어 검토되어야 한다.[83]

법적 작업은 결코 순 인식적 절차가 아니다. 법적 작업은 **필연적으로** 창조적 구성요소를 포함한다. 그러나 창조적 구성요소는 — 전

---

82) *F. Müller*, Normstruktur und Normativität, 1966, 46; 상게서, 192.

83) 흠결문제의 사실적 판단과 규범적 판단을 구별하는 것에 대하여는 *F. Müller*, Die Einheit der Verfassung, 1979, 111, 158, 227.

적으로 실정법을 보충하거나 실정법에 반하는 결정들을 도외시한다면
— 동적인 법규범이론과 그 구체화모델에 있어서는 실정법의 규범성
밖(外)이 아닌 안(內)에 있다. 법관법은 — 다시금 실정법을 보충하거
나 실정법에 반하는 사법을 도외시한다면 — 입법권과 집행권의 법기
속을 받지 않는 독립적 현상이 아니다. 법관법적 규범정립은 문언한
계가 가지는 한계에서 심사되며, 법률의 우위와 법률의 유보 및 헌법
의 우위에 기속되어 있다.[84]

법관법에 대한 지배적 학설은 허용되는 법계속형성을 위한 전제가
되는 "계획을 위반하는 흠결"의 개념에 의해서도 법치국가적 제 척
도, 법률에의 기속과 특히 헌법에의 기속을 피하지 못한다. 그러한
흠결은 법률가가 법률에 반하여 어떤 사건을 규율할 필요가 있다고
간주하는 경우에만 이야기될 수 있다. 도대체 흠결이 존재하는가라는
질문뿐만 아니라 흠결이 이른바 계획에 따른 것인가 또는 계획을 위
반하는 것인가도 예컨대 법률이 대답하고 있지는 않다. 법관은 규율
의 필요성을 법률을 초월하는 정의의 척도로부터 정당화하고자 한다.
계획을 위반하는 흠결의 개념은 규범적 실정법적 원리가 아니라 표현
되지는 않았지만 민주적 기속과 법치국가적 기속을 받지 않는 유사규
범적 초실정적 원리를 참조할 것을 지시한다.

1세기 동안 법관법의 본질과 정당화에 대하여 숙고한 성과는 오히
려 초라한 편이다. 실정법에 대한 간격을 통하여 실정법 밖에서 또는
실정법에 반하여 정의되어야 하는 이러한 현상을 충분하게 밑받침할

---

84) F. *Müller*, Fallanalysen zur Juristische Methodik, 1974, 10; ders., Juristische Methodik, 2.
Aufl. 1976, 252, 255; ders., Juristische Methodik und Politisches System, 1976, 15,
27 — 법관법은 '비어 있는 영역'에서 작동한다는 진술; ders., Fallanalysen zur
Juristischen Methodik, 1974, 10; ders., Juristische Methodik und Politisches System,
1976, 15, "흠결"은 전통적 토론의 범위에서는 아직까지 그에 대한 비판적 거리
를 두고 행해지지 않았다.

지지대는 없다. 헌법지향적 시도들은 모순투성이의 출발점에 고착되어 있었으며, 실정헌법에 있는 장벽들을 제거할 수 없었다. 설득력을 가진 해석론적, 방법론적 또는 법이론적 구상들은 아직까지 개발되지 않았다. 순수법학은 법관법을 기술하는 데 만족하고 있으며, 제한적인 법치국가적 측면만이 문제되고 있고 그것도 단지 서술에 그치고 있다(소급효금지). 기본법 하에서 법관법에 대한 유일하게 **체계적으로** 설득력 있는 자연법적 논증은 실감 있게 체험할 수 있는 이유에서 더 이상 개진되지 않는다.

법규범이론 일반과 관련해서 그런 것처럼,[85] 반실증주의적 학파들 또한 "법률적 규범—법관법적 규범"이라는 주제에 대해서도 인식대상 전반을 해석론적으로 이리저리 미루어왔으며 그 주제를 법정책적으로 대략 과대평가하거나 또는 과소평가하여 왔다. 그들은 그것을 기반으로 법이론적으로 견지할 수 있는 개념적 구조를 개발할 주제의 현실적 특성을 보다 깊게 이해하지 않았다. 그런 사실 때문에 토론이 오늘날까지 그러하듯이 권력분립과 기능질서 및 그 밖의 기속규정과 통제규정의 헌법적 규정들을 무리하지 않게 취급하는 것이 허용되었을지도 모른다.

실정법에 반하는 그리고 실정법을 초월하는 결정이 주제에 속함에 반하여, 일부 법관법토론은 주제에는 적합하지 않은 형식논리적 적용, 삼단논법적 포섭의 과잉, "실정법"(즉 규범텍스트)을 넘어서는 모든 것을 법관법에 편입하려는 시도들 때문에 부담을 받고 있다. 이른바 법계속형성을 이렇게 조작하는 것을 부분적으로 찬양하는 진술들은 규범텍스트와 법규범의 차이, 또한 실증주의적 확실성의 파괴에 의구심을 드러내었다. 아직까지 그러한 진술들은 법관법에 잘못 전가된

---

85) 그에 대하여는 F. *Müller*, Strukturierende Rechtslehre, 1984, 예컨대 226, 274.

창조적 요소가 **모든** 규범화에 작용한다는 견해에 이르지는 않고 있다. **존재하는 것은** 법규범이 아니라 규범텍스트와 또한 결정하여야 할 사건일 뿐이다. 이러한 오해의 범위 내에서 엄연히 고전적인, 후기의 그리고 오늘날의 암묵적인 법률실증주의가 양심의 가책을 느끼면서 법관법을 둘러싼 토론을 따라다닌다. 그리고 물론 그 토론은 스스로가 직접 확실하게 파악하지 않았기 때문에 그러한 법률실증주의 없이는 충분히 설명할 수 없다.

법관의 규범정립을 찬성하는 자들은 외관상으로는 그들이 주장하는 논거가 지니는 학문적 설득력을 조금 가볍게 생각한다. 더 자세하게 증명되지 않은 자연법에 의한 것을 제외한다면 법이론적 지주(支柱)는 인식될 수 없다. 법철학적 관점들은 법관의 법정립을 찬성하는 자들의 적나라한 목적관에 의하여 놀라 도덕가인 체하는 선서에 한정하고 전통을 비판적으로 시정하지 않는다. 법관법은 방법론적으로 제거되었을 뿐이다. 관계되는 저자들은 규범적·해석론적 정당화에 대한 출발점에서 자신들의 통례적인 수준에 머무르고 있다. 그들은 모든 것을 희생해서라도 법관법을 지키려는 시도에서 실정(헌법의) 법상황의 명백한 불완전성이나 왜곡을 감행한다.

그러기 위해서는 주관을 넘어서는 이유가 존재하지 않으면 안 된다. 실무에 종사하는 법원과 결정을 내리는 법관이 이론을 공동으로 형성하는 한, 이유는 아마도 실제로는 다음과 같은 사실에, 즉 "법조문과 계약의 단순한 해석에 구속되는, 사람들이 위에서 비용과 함께 사실을 집어넣으면 밑으로는 결정이유와 함께 판결을 뱉어내는 법자동기계의 상황은 현대의 법실무가들에게 종속적인 것으로" 생각되고 그들에게 "계속해서 더 고통스러운 것으로 받아들여진다"는 사실에 있다. 그렇기 때문에 최소한 법관의 생각으로 법률(즉 규범텍스트)이 제 기능을 발휘하지 못하는 곳에서는 법원의 창조적 법활동에 대해서

이의가 제기된다.[86) 막스 베버 *Max Weber*의 냉소적으로 들리는 진단은 어쩌면 오직 사실적일 따름이다. 규범텍스트를 작성하는 의회의 다수에 대한 법관계급의 (법)정책적 우세는 널리 알려져 있듯이 특히 학문의 진술에 있어서는 두 번째 주요근거로 등장한다. 법관법의 존재, 중요성 및 불가결성은 1885년에 뷜로브 *Bülow*에 의하여 논쟁이 시작된 때부터 두 손으로 붙잡듯이 분명한 것으로, 자명한 것으로 받아들여진다. 또한 역시 분명한 것을 정당화하는 것은 성가신 일이다. 그에 대한 불쾌함은 종종 드러난다. 그러나 명증성논증은 특히 취약하며, 법관법이론에서 준동하는 암시논증과 권위논증과 이웃하고 있다.

이러한 명증성감정에 찬성하는 근거는 모든 법률가들에게 있어 공통된 경험에 있을 수 있으며, 기능하는 법은 서적 속에 있는 법과는 다를 뿐만 아니라 그 **이상**이고 적용된 법은 단순한 법률, 즉 규범텍스트와는 다를 뿐만 아니라 그 **이상**이라는 것이다. 법관을 포섭자동기계로 삭막하게 은유하지 않고 사법을 단순히 논리적 삼단논법으로 무정하게 관념하지 않는다면 법관법을 둘러싼 토론은 존재하지 않을지도 모른다. 그러나 오류에 대한 논박이 반드시 참은 아니며, 두 번째의 오류에 빠질 수도 있다. 법률실증주의의 잘못된 출발점은, 이는 인식되지 않은 것인데, 그 규범관에 있는 것이지 일반적으로 그렇게 생각되듯이 삼단논법과 포섭의 이상에 있는 것이 아니다. 이러한 이상은 하나의 징후, 규범텍스트와 법규범을 동일시한 결과 발생하는 징후 중의 하나만을 나타낼 뿐이다. 실증주의의 조소적 포섭요구라는 모든 경험에서 판단할 때 사법은 **법관법이 존재하기 때문이 아니라** 다른 이유에서 사실상 창조적이다.

---

86) 자유법학파에 대하여 *Max Weber*, Rechtssoziologie, 2. Aufl. 1967, 336f.가 그런 입장을 취하고 있다.

제3장

무엇이 "법관법"으로
표현되어야 하는가?

제1절 법이론적 도구

1. 기초

법관법이론에서 그 불충분한 상태를 극복할 필요성을 언급하는 일이 최근에 더 빈번해지고 있다. 관점의 완전성, 법화된 요소들에 한정, 합리적으로 형성되고 그럼으로써 토론 가능하고 통제 가능한 논증을 보증하여야 할 방법론의 수작업적(手作業的) 특성들이 투입된다.[1] 이 정당한 촉구는, 비록 법관법적으로 작용하는 사건의 특징이 규범텍스트를 결여한 것이라 하더라도 해석 시에 전통적인 '표준들'(canones)을 따를 것이 계속해서 추천된다면, 다시금 가치 없는 것이 된다. "상식과 설득력 있는 논증" 및 "경험학문의 성과"를 통하여 법관법을 형성할 것이 필요하다고 선서하는 것은 모든 이론적·방법론적 정확성과 규범적 기초를 포기한 것이다. 불확실한 사건에서 법원은 "입법자와 마찬가지로 또는 입법자보다 더 잘 원칙형성에 적격이어야" 한다는 것을 통하여 법관법적으로 정당화된 판결을 이른바

---

[1] 그에 대하여는 *Wank*, Grenzen richterlicher Rechtsfortbildung, 1978, 76ff., 78f.; 본문에서 따르고 있는 것은 상게서, 35ff., 38ff., 44ff., 257.

헌법적으로 정당화하는 것에 대해서도 같은 이야기를 할 수 있다.

법관의 법률에 대한 기속을 환상으로 이해해서는 안 되고 법적 안정성을 위해서 법적 방법론의 제 원리를 엄수함으로써 그러한 기속을 진지하게 생각하여야 한다는 진술의 배후에는 법정책적으로는 환영할 만하나 기술적으로는 미숙한 태도가 있다.[2] 그에 따르면 법학은 인과율적 학문의 도식에 대하여 독립적이며 현행법에 대한 해석론적 진술은 검증될 수 없다는 반대를 통하여 논박될 수 없는 특유의 합리성의 척도를 가진다. 그럼에도 불구하고 제안된 수단들, 즉 법계속형성을 위한 방향제시적 "중심사상"과 규범이 소속되어 있는 불확실한 문맥은 법적 방법론이 지향하는 합리성에 대한 기대를 충족시키지 못한다. 문맥이란 개념은 사회현실의 불명료한 전체를 지시할 뿐이다. 이곳에서도 실증주의적 법규범이론은 의도와는 무관하게 인수되어 그 규범텍스트와 법규범을 혼동하는 것과 함께 법관법에 대한 부정확한 변론의 기초가 되고 있다.

법관법을 특징짓기 위한 견고한 도구로 문언의 한계가 제시된다.[3] 그러나 그 경우에 적극적 구체화작용과 (해석된) 법문의 소극적 한계기능은 구별되지 않고 있다. 그럼으로써 "명확한" 법문에 대한 요청과 그를 통한 결정의 "일의적" 확정은 과장된다.[4] 이러한 맥락에서

---

2) *Larenz*, Die Bindung des Richters an das Gesetz als hermeneutisches Problem, in: *Forsthoff/W. Weber/Wieacker*(Hrsg.), Festschrift für E. R. Huber, 1973, 291ff., 293f.; 본문에서 따르고 있는 것은 상게서, 301ff.; 더 나아가서 ders., Kennzeichen geglückter richterlicher Rechtsfortbildung, 1965 참조.

3) *Carl Schmitt*, Gesetz und Urteil, 2. Aufl. 1969, 104; 따르고 있는 것은 상게서, 103f. "일의적인 법문"이 가지는 한계기능은 *H. P. Schneider*, Die Gesetzmäßigkeit der Rechtsprechung, DÖV 1975, 443ff.에서 파악되고 있다. 입법자의 "법생산우선권"(정확하게는 규범텍스트정립독점권)에 대해서는 불명료하다.

4) 이러한 문제들에 대하여는 *F. Müller*, Juristische Methodik, 2. Aufl. 1976, 예컨대 128, 148ff., 217ff., 224ff., 250ff., 267f.

이미 1912년에 슈미트 *Carl Schmitt*는 포섭에 대한 대안이 반드시 "법관이 입법자의 지위를 갖는 것"일 필요는 없다고 기록하였다.

실증주의적 규범관에 법학 밖에서 발전된 새로운 학문적 출발점을 결합함으로써 사람들이 실증주의적 규범관의 간계를 모면할 수 있을지 여부가 문제된다. 그래서 입법과 법률적용의 문제들은 의사소통학적으로 표현되고 있다.[5] 그에 따르면 법적용자에 의하여 "함께 의사소통"이 되지 않은 모든 것은 또한 "규범정립자에 의해서도 권위 있게 확정"되어서는 안 된다. 법률적용과 법계속형성 간에는 전달된 정보의 원저자를 지향하는 경계만이 의미 있게 그어질 뿐이다. "이해"는 "발신자로부터 의사소통된 것의 매개에 한정되는" 수신자의 행위일 뿐이라는 것이다. 다른 모든 것은 그것이 "Auslegung"(좁은 의미의 실정법 해석 — 역자)으로 표현되든 "Interpretation"(좁은 의미의 실정법 해석 Auslegung과 법계속형성 Rechtsfortbildung을 포괄하는 넓은 의미의 해석 — 역자)으로 표현되든 또는 "법계속형성"으로 표현되든 무관하게 더 이상 단순한 이해가 아니라는 것이다. 이로써 문제들은 기껏해야 새롭게 표현된 것일 뿐 해결된 것은 아니다. 또한 법관법과 해석(Interpretation)은 동일한 범주에 속하게 된다. 단순히 문법적 해석을 넘어서는 모든 해석(Auslegung)은 이미 텍스트이해를 넘어서는 법계속형성이어야 한다.

그것은 비교컨대 실용주의적 법률실증주의보다 더 극단적이며, 구체화는 단순히 문법적 해석(Auslegung) 이상의 것이고 — 그러한 한에서 심사숙고되지 않았다 — 법규범과 결정규범은 존재하는 규범텍

---

5) *Baden*, Gesetzgebung und Gesetzesanwendung im Kommunikationsprozeß, 1977. 따르고 있는 것은 상계서, 155f., 185f., 218f., 223f. 법적 작업에서 의사소통이론으로부터 온 관점들에 대하여는 또한 F. *Müller*, Juristische Methodik, 2. Aufl. 1976, 114ff., 278f.와 이미 *Horn*, Rechtssprache und Kommunikation, 1966; ders., Rechtswissenschaft und Kommunikationstheorie, ARSP 1967, 573ff.; *Heinz*, Rechtsregeln als Gegenstand sprachlicher Kommunikation, ARSP 1972, 29ff.

스트와는 그때마다 다른 것이라는 평범한 생각을 법관법이론과 공유한다. 입법자에 의하여 함께 의사소통된 것은 의당 성립시의 "직관세계"와 당시의 "현존하는 해석론"을 포함하여야 한다. 진부한 해석론적 학설이나 논박된 일상세계의 가설 중에서 고려되지 않은 것은 이미 "법계속형성"으로 생각된다. 고려되지 않은 것은 전통적 논쟁의 수준에 미치지 못한다. 전통적 논쟁과 더불어 "보편타당한 규범(정확하게는 오직 규범텍스트)을 정립하는 것"은 입법자의 몫이라는 생각이 주장된다. 그러나 이미 언급된 개념들을 배경으로 법계속형성은 입법부에 의한 규율이 "그 동안 심사될 필요가 있고 적응될 필요가 있게 된" 곳에서는 어디에서나 이미 "원칙적으로 정당한" 것이어야 한다.6)

일반적으로 '법관법'은 삼단논법모델을 넘어서는 것뿐만 아니라 또한 문언한계를 넘어서는 '해석'(Auslegung)을 넘어서는 것으로 간주된다. 이 둘째 유형에서 법관에 의하여 정립된 규범은 성문법과 관습법과 더불어 제3의 법원으로 작용한다. 첫 번째 경우에 방법적 구체화작업은 법"계속"형성으로, 입법부에 의하여 정립된 것을 넘어서는 가치를 가지는 작용으로 확정되어 있다. 여전히 계속하여 실증주의의 커다란 영향을 받고 있는 지배적 법학은 규범텍스트와 법규범을 체계적으로 구별하지 않는 **법적용**이론으로서 이러한 두 가지 이해의 틀을 형성한다.

구성법학의 경우 삼단논법을 넘어서는 유형은 법관법의 문제로서는 제외된다. 대다수의 사건에서 규범텍스트를 구체화할 필요성은 일상적이다. 그 대신 결정규범과 결정규범이 기초하고 있는 법규범이 공적으로 규정된 규범텍스트를 방법적으로 옳은 것으로 원용할 수 있

---

6) *Baden*, 전게서, 219. 전게서, 223f.는 시간이 경과하면서 목표로 삼는 합의, 즉 관습법의 형성을 선택한다.

는가 여부가 문제된다.

법실무의 다양한 기능영역 내의 모든 **법적 작용**은 규범지향적 **결정**이다. 구조적으로 우선 탐구된 것은 그러한 결정과정에서 유효한 요소들이 어느 정도까지 일반적으로 "법"과 "현실"이란 표현으로 설명되는 영역들에 편입되는가라는 것이었다. 분석의 두 번째 주제는 이로써 밝혀진 **현실과 규범** 간의 관계에 **규범과 사건** 간의 관계를 접합시키는 것이었다. 그러므로 이미 헌법에서의 그들의 규범적 기초와 헌법학에서의 그들의 이론적 기초를 도외시하고 해석론에 대한 그들의 영향을 연구하면, 법(규범)이론과 법적 방법론은 사실상 밀접한 관계에 있다. 이로부터 **구체화**는 구성된 과정으로 이해되고 분류된다. 결정 밖에 위치하는 두 개의 단위로서 '규범'과 '현실'에 대하여 질문하는 대신 이러한 출발점은 예컨대 법관의 실제 행위에서 나타나는 **법적 규범성의 구조**에 대하여 질문한다. 그에 반하여 실증주의적·신실증주의적 이론도 그에 반대하는 법이론도 규범에 의하여 규율되는 현실의 단면에 대한 규범의 객관적 관계를 해명하려는 시도를 하지 않았다. 완성되고 선존하는 것인 "바로 그" 법규범은 법적 이론과 방법론의 잘못된 개념적 기초로서 법적 작업에서 실제로 행해지고 있는 것에 대한 이해를 저해하였다. 실증주의와 반실증주의에 대한, 또한 법관법을 둘러싼 토론에 대한 지속적으로 성과 없는 출발점이 공유되고 있다는 것이 밝혀졌다.[7] 동일한 이야기가 규범과 현실의 관계 외에 또한 법규범과 사건을 적절하게 파악하려는 두 번째 과제에도 해당된다. 구성적 법(규범)이론과 그로부터 전개되는 방법론은 이 두 개의 문제축(問題軸) 위에서 법규범을 사실에 의하여 규정되고 합리적으로 구성된 과정 내에서 구체화하려고 노력한다. 이러한 노력은 실

---

7) F. *Müller*, Strukturierende Rechtslehre, 1984, 예컨대 194f., 225ff., 233, 248, 331f., 383f., 437f.; ders., Artikel "Positivismus", in: Lexikon des Rechs.

증주의뿐만 아니라 또한 의도적은 아니나 여전히 "존재—당위" 또는 "규범—현실"의 대립에 몰두해 있어서 그러한 대립을 보충적, 이차적으로만 매개하려는 반실증주의적 학파에도 반대한다. 이로써 실증주의와 반실증주의는 근본적으로 동일한 오류를 범하고 있다. 법규범과 현실의 관계를 파악함에 있어 결함이 있다는 것은 구조적으로는 사건결정과 규범을 매개함에 있어 결함이 있는 것에 비교할 수 있다. 여러 연구가 극단적인 사회학만능주의와 결정주의(결단론)뿐만 아니라 또한 양자가 결합된 해결책의 제시와 관련해서도 이러한 이야기가 옳다는 것을 입증한 바 있다.[8] 한편으로는 사회적 현실에 대한 "바로 그" 법규범의 개방을 둘러싼 논쟁은 나쁜 의미에서 이론적일 뿐이며 방법실천적인 과정을 수용하지 않았다. 다른 한편으로는 방법논쟁은 법적 방법론이 법(규범)이론에 의지하여야 하며, 법(규범)이론이 없으면 기술적인 세목들이 연관성을 상실한다는 것을 오인하였다.

구성법학은 말하자면 사후적으로만 완화될지도 모르는 규범—현실이라는 실증주의적 **대립**을 알지 못한다. 법적 작업은, 규범과 현실의 관계뿐만 아니라 또한 규범과 사건의 관계가 의당 사실적으로 파악되어야 한다면, 규범적 관점 하에서 해독되고 방법적으로 가공되어야 하는 규범화된 **사건내용**에 의존하고 있다. "법규범"으로써 표현되는 것은 객관적으로 확정되는, 그러나 이러한 확정성에서 소멸하지 않는 질서의 구속적 모델로서의, 사실에 의하여 커다란 영향을 받은 질서모델로서의 법의 실제적인 실현과정에서 입증된다. 이 질서모델은 "규범프로그램", "핵심영역", "규범영역"과 같은 개념들을 통하여 계속해서 해독된다.[9] 규범을 구체화하는 과정에서 다양한 유형의 법규

---

8) F. Müller, Strukturierende Rechtslehre, 1984, 24ff., 47ff., 77ff.

9) 그에 대하여는 F. Müller, Strukturierende Rechtslehre, 1984, 예컨대 168ff., 184ff., 230ff., 250ff., 263ff.

범들의 특성과 그들에게 공통적인 규범성의 구조는 작업기술적으로는 계획적 이론적으로 선취하는 방법으로 그러나 개별적으로는 귀납적인 방법으로 연구된다. 규범초안은 처음부터 실무지향적이고 방법지향적이다. 그 초안은 **법규범**의 일반적 구조모델로서, 더 나아가서는 법적 **결정과정**의 피구성성에 대한 모델로서 그리고 또한 법률가에 대한 **작업요청**으로서 표현될 수 있다.

법규범과 규범텍스트의 표면상으로는 대수롭지 않은, 그러나 본질적으로는 체계를 형성하는 구별은 구체화과정의 진행 중에 분명하게 표현된다. 더 이상 법규범과 법규범텍스트를 동일시하지 않는 것은 동시에 또한 규범영역을 법규범의 반대극(反對極)이나 한계가 아닌 법규범의 구성부분으로 취급하는 것이다.

규범적 명령은 이미 규범텍스트에 본질적으로 포함되어 있거나 존재하고 있거나 또는 주어져 있는 것이 아니다. 물론 법률실증주의는 그렇다고 믿었다. 법적 개념들은 다른 개념들과 마찬가지로 그 진술을 구상화(具象化)할 수 없다. 법적 개념들은 지시적 상징가치를 가지며 그것들이 그때그때 사용되는 방법에 따라 연구될 수 있다. 법적 개념들은 동시에 법적 개념들에 의하여 생각된 사물이 아니라 그 사물의 (언어적) 형식이다. 법규범은 법규범의 언어적 표현 이상의 것이다. 규범—사건 관계와 관련하여 '법규범'으로 표현될 수 있는 것은 규범텍스트가 아니라 모든 언어자료를 해석한 결과이다. 규범—현실 관계와 관련해서도 그 해석결과는 여전히 충분하지 않다. 이곳에서 법규범은 모든 우선적으로 언어적인 구체화요소들의 해석결과인 규범프로그램과 경험적으로 매개된 사실요소들을 가공한 규범영역으로부터 비로소 구성된다. '광의의 해석'이나 '협의의 해석'은 규범**텍스트**의 취급에 불과하다. 법적 사건해결의 과정에서 규범의 완전한 검토는 '구체화'라는 상위개념에 의하여 가려있다. 그러므로 법적 결정을 정당화하는 연결점, 즉 법규범은 그 규범텍스트와도 또한 전적으로 언어적 해석의 결과와도 동일하지 않다.[10] 법규범의 양 구성요소, 즉 규범프로그램과 규범영역은 규범성을 창조하기 위해서 공동으로 작용하여야 한다. 이때 '규범성'이란 표현은 예컨대 법규범의 정태적 특성에 대하여 사용되지 않으며, 규범텍스트의 정태적 특성에 대하여는 전혀 사용되지 않는다. 오히려 그 표현은 본질적으로 다층적인, 학문적으로 구성할 수 있는, 법규범을 작성하고 법규범을 사건을 결정하는 데 전환하는 **과정**을 나타낸다. 규범프로그램이라는 언어적으로 매개된 질서척도와 규범영역이라는 사실자료로부터 작성된 모델기초가 공동작용함으로써 비로소 규범성이 주어진다. 규범성을 상실하지 않으면 법규범은 그가 관계하는 사회적 현실의 단면으로부터 고립될지도 모른다. 법규범은 규범영역을 포함함으로써만 규범적이다. 규범영역은 구체화하는 법률가에 의하여 규범프로그램의 척도에 따라 선정된, 경험적으로 수집되고 검증된 사실들의 총체이다.

　법관법에 관한 학설은 실증주의의 기본가정을 문제 삼지 않았다. 또한 그에게도 규범은 가설적 판단, 형식화된 상위명제로 유효하였다. 규범은 규범화된 부분현실과 본질적으로 무관하게 대립하며, 이러한 존재에 대하여 당위로 범주적으로 대비된다. 또한 법관법에 대한 토론도 체계적으로 규범텍스트와 법규범을 혼동한다. 또한 그것도 — 규범텍스트가 아닌 실정화되지 않은 텍스트에 포섭하기는 하지만 — 포섭한다. 그러한 이유에서 구성법학은 법질서를 (완결된, 흠결 없는, 모순 없는) 의제에 환원하는 것과 규범을 그 텍스트에 환원하는 것뿐만 아니라 또한 사건해결을 삼단논법에 의하여 논리적으로 추론할 수

---

10) 그에 대하여는 F. *Müller*, Juristische Methodik, 2. Aufl. 1976, 예컨대 107ff., 116ff., 125ff., 264ff., 267ff.; ders., Strukturierende Rechtslehre, 1984, 예컨대 147ff., 230ff., 234ff., 263ff.

있는 과정에 환원하는 것을 포기할 것을 제안하였다. 사건에서 구성적으로 생산되는 법규범만이 비로소 결정을 향하여 개별화되고 결정규범으로 계속 발전될 수 있을 것이다.[11]

2. "구체화" 개념에 대한 상론

"구체화"란 개념은 예나 지금이나 실증주의적 태도에서 규범텍스트로부터 법규범을 구별하지 않는 것을 배경으로 해서 불확실한, 그러나 개념적인 성공을 거두었다.[12] 그에 반하여 구성적 법이론에서는 구체화 구상은 법실현의 현대화된 또는 풍부해진 전통적 도식[13]이 아니라 새로운 유형의 전체관념에 근거를 두고 있는 모델이다. 구성적 법이론의 의미에서 법학은 텍스트해석의 정당화란 의미에서 정당화기술이 아니라 법生産에 대한 성찰이다. 법이론에서 "법규범의 구체화"는 규범이 이미 사건이 등장하기 이전에 그리고 사건의 등장에 의하여 야기된 사건해결의 과정 이전에 선재하는 것을 뜻하지 않는다. 실증주의, 신실증주의 및 다양한 반실증주의는 법규범이 선재한다고 생각한다. 이러한 경향들이 혼합된 일반적으로 지배적인 견해에

---

11) *F. Müller*, Strukturierende Rechtslehre, 1984, 예컨대 433f., 263ff.

12) 예컨대 *Kelsen*, Reine Rechtslehre, 2. Aufl. 1960, 242: "개별적인 것 또는 구체적인 것에 대한 일반적인 것 또는 추상적인 것의 진로라는 의미에서 끊임없이 증가하는 개별화 또는 구체화의 과정"; *Engisch*, Die Idee der Konkretisierung in Recht und Rechtswissenschaft unserer Zeit, 2. Aufl. 1968.

13) *Kriele*, Theorie der Rechtsgewinnung, 2. Aufl. 1976 예컨대 316("방법규준의 순화"), 317("방법론적 원칙을 겸비한 산법적(算法的) 계산의 기술"), 324("사비니 *Savigny*의 해석요소들을 … 칭찬할만하게 보완하고 순화시켰다")는 이러한 원칙적인 오해를 하고 있다. 그에 대한 반대는 *Bonavides*, in: Revista de Direito Constitucionale e Ciéncial Política 1984, 249ff., 251: 이 "방법론은 고전적인, 사법 (私法)에 근거를 두고 있는 사비니의 모델을 극복하고 있다."

따르면 그렇게 이미 선재하는 법규범은 규범에 더 구체적으로, 즉 더 밀접하고 더 정확하게 만들어져야 하며, 규범은 일반적인 것에서부터 특수한 것으로, 추상적인 것에서부터 구체적인 것으로, 개괄적인 것에서부터 개별적인 것으로 "구체화"되어야 한다. 이러한 지배적 견해에 따르면 법률가는 "바로" 법규범을 이른바 법규범에 어울리는, 사건을 결정하는 소형의 변형으로 재단한다. 법률가의 능동적인 작위의 필요성을 인식한다는 점에서 반실증주의 학파들은 법률실증주의와 구별되며, 그 결과 법규범은 가설적 명령으로서, 삼단논법적으로 조작할 수 있는 대명제로서 전혀 구성적인 행위를 가정하지 않았다. 오히려 법규범은 (소명제로서) "어울리는" 법적 사건이 등장하는 순간 바로 적용되는 논리적 사례로 간주되었다. 그에 반하여 "바로" 법규범을 법적 사건 **이전에** 선존하는 것으로 간주하는 기본적인 오류, 즉 '사건 이전의 법'(lex ante casum)이라는 환상을 실증주의적 출발점과 반실증주의적 출발점은 오늘날까지 공유하고 있다.

실증주의의 경우에는 처음부터 삼단논법과 포섭의 모델이 특징적이었기 때문에 비록 "구체화"란 표현이 이러한 생각의 불명료한 변형으로서만 유통되고 있다 하더라도 그 표현을 새로운 토대에 위치하게 할, 개념으로 만들 근거가 있다. 언어적·감정적 오해는, 이곳에서 실증주의의 은폐는 계속되고 있는데, 아래의 설명을 통하여 제거되어야 한다.

법적 방법론은 실정법에 대한 기속을 정당화하는 요청 하에서 결정기술인 동시에 분류기술이다. 법적 방법론은 규범텍스트, 법규범 그리고 결정규범의 불일치를 법치국가적으로 합리적으로 지배할 수 있는 가능성을 보증하여야 한다. 이 영역에서 개별적인 작업과정들을 이곳에서는 총괄적으로 "구체화"라 한다. 이때 구체화란 개념은 기존의 일반적인 법규범을 사건에 적용하는 것이 아니라 특정의 사건을 해결하는 틀 내에서 일반적 법규범을 생산해내는 것을 가리킨다. 개별 사건 속에 배치할 수 있는 작용요소, 명령내용, 어떤 종류의 실체적 진술들을 언제라도 "포함할" 수 있을 이미 존재하는 법규범을 증명할 수는 없다. 사건해결의 출발점은 법규범이 아닌 규범텍스트일 수밖에 없다. 규범텍스트는 법생산과정과 논증과정에서, 즉 법적 결정과 서술과정에서 파급효과를 일으키고 제한하는 기능을 한다.

규범텍스트에서 법적 개념들은 흔치 않은 예외적인 경우에만 (순수하게 법으로 만들어진 규범영역에서, 따라서 기한, 지급일, 그 밖의 숫자로 규정된 규정들에서) 생각하는 바를 물적(物的)으로 기술할 수 있다. 일반적으로 법적 개념들은 신호개념 또는 연결개념으로서만 사회적 현실에서 그에 대응하는 것으로 생각되는 것에 대한 상상을 불러일으킬 수 있다. 규범텍스트는 규범성을 **포함**할 수 없다. 규범텍스트는 그 언어영역 내에서 법구속적 사건해결의 합법적이고 그러한 한에서 정당한 가능성을 조종하고 제한한다. "의미"는 규범텍스트에서 법적 개념들의 특성이 아니며, 규범텍스트는 완결된 규정의 구상에 따라 "의미"를 정립하지 않는다. 오히려 수신인의, 즉 규범화된 과제분배와 역할분배를 근거로 특정된 권한이 주어진 사건을 결정하는 법률가의 적극적인 행위가 매우 중요하다. 법률가는 포섭하기만 하는 것은 아니고, 주어진 명령을 "적용"하기만 하는 것은 아니며, 텍스트 "해석"의 의미에서 해석하기만 하는 것은 아니다. 오히려 법률가는 규범텍스트와 사건을 출발점으로 해서 우선 일반적인, 전형적으로 사건과 관계되는, 그가 그리고 나서 결정하여야 할 사건을 목표로 삼아 극단화시켜 결정규범으로 개별화시키는 법규범을 만들어낸다. 그러므로 법규범을 법적으로 구체화하는 일은 이미 존재하는 일반적 법규범을 수축시키는 일이 아니라 우선적으로 아직까지 존재하지 않는 일반적 법규범을 창조하는 일이며, 입법자의 평가나 "객관적으로 주어진

정신적 구성물"14)을 단순히 "사후적으로 이해하는 것"이 아니다. 기본법에 의하여 입법, 집행 및 사법에 분배된 권한은 헌법이나 일부 헌법의 규범텍스트를 "해석"(Auslegung, 협의의 해석, 실정법해석 — 역자)하거나 "해석"(Interpretation, 광의의 해석, Auslegung + Rechtsfortbildung — 역자)하거나 사후적으로 이해하는 데 대한 권한에 불과한 것은 아니다. 그 권한은 법을 구체화하고 구속력 있게 사건을 결정하는 데 대한 권한이며, 법을 구체화하고 구속력 있게 사건을 결정함에 있어 해석은 텍스트해석으로서 중요한 요소이기는 하나 여러 요소들 중의 하나에 지나지 않는다. 구체화의 과정이 이따금 평가에서 자유로운 전환행위에, 법논리적 추론과정에 근접하는 곳에서만 우리는 예컨대 형식적인 절차규정들, 기한규정들, 지급일 규정들 또는 재판부의 구성에 관한 규범들과 같은 수량을 나타내는, 수적으로 확정된 규범텍스트의 경우에 법적용, 사후적 이해에 대하여 언급할 수 있을 것이다. 그러나 실무는 그러한 예외적인 경우에도 어려움과 불명료성을 피할 수 없다는 것을 충분히 알고 있다. 여느 때와 마찬가지로 이곳에서도 규범과 규범텍스트의 불일치 및 또한 법으로 만들어진, 그 자체 수적으로 제한된 규범영역의 상대적 자주성은 계속 의식되어야 할 것이다. 이러한 예외적인 경우에 해당되지 않는 모든 것, 즉 대부분의 법적 문제점은 불가피하게 규범텍스트 지향적으로 법규범을 창조하는 성격을 가지며 그리고 그와 관련하여 결정규범을 법규범 기속적으로 생산하는 성격을 가진다. 규범성이 인정되는 것은 사건해결의 과정에서 비로소 획득되어야 한다. 그리고 난후 그 이후의 부분과정, 구체화의 마지막

---

14) 이러한 의미에서 일반적으로 지배적인 견해에서 특징적인 것은 *Canaris*, Systemdenken und Systembegriff in der Jurisprudenz, 1969, 145ff., 148. — "사후적 이해" 대신 구체화에 대하여 원칙적인 것은 *F. Müller*, Juristische Methodik, 2. Aufl. 1976, 예컨대 138ff.

부분에서 개별화적 귀속행위를 통하여 결정규범이 이야기되어야 한다. 요약하면, 이곳에서 **규범성**은 실제로 구성된 그리고 학문적으로 그에 상응하여 구성할 수 있는 과정으로 이해되고, 법적 사건을 규범텍스트 지향적으로 그리고 법규범 기속적으로 해결하는 이러한 과정의 작업기술적 측면은 "규범구체화"로 표현된다.

"**구체적**"과 관련하여 "**규범구체화**"는 다음과 같은 것을 의미한다. 첫째, 규범텍스트는 법규범과 동일한 것이 아니다. 둘째, 규범텍스트는 '현행법'의 측면에서 보면 구체화과정을 시작하는 자료이며, 사실적 측면에 관한 해결해야 할 사건을 통하여 유발되어 있다. 셋째, 해결과정에서 창조된 법규범텍스트는 눈앞의 사건에 더 밀접하게, 유형적으로 더 강력하게 관계되어 있기 때문에 규범텍스트보다 **더 구체적**이다. 넷째, 법규범텍스트는 결정규범텍스트보다 더 일반적이다. 언어적인 표현에 따라 판단하면 결정규범은 법규범보다 더 구체적이고, 법규범은 규범텍스트보다 더 구체적이다. 바로 그 때문에, 법규범의 선존성에 대한 종래의 지배적 이론의 유사 존재론적 관점 때문이 아니라, "규범구체화"란 표현은 전체과정에 대한 명칭으로서 중요한 의미를 가진다. 즉 사건으로부터 그리고 사건을 위하여 판단하면 결정과정의 체계적·개념적 연속에서 뿐만 아니라 시간적·경험적 연속에서 텍스트로 형성된 작업요소들은 규범텍스트에서 법규범을 거쳐 결정규범에 이르는 연속과정에서 점증적으로 더 구체화된다.

둘째로, 그러므로 "**규범(법규범)**"과 관련하여 "**규범구체화**"는 규범이 이미 존재한다는 것, 즉 (사건과 병존적으로) 결정과정의 규범적 출발자료가 있고 그것이 '단지 더욱 구체화되어야' 한다는 것을 의미하지 않는다. 오히려 법규범은 도대체가 비로소 만들어져야 한다. 그와 동시에 법규범텍스트는 그때그때 출발자료인 규범텍스트보다 더 구체적이다. 이러한 일이 발생하면 작업결과를, 결정의 중간단계를 나타내는 법규범은 더욱 더 구체적인, 눈앞의 사건을 처음으로 직접적으로 지배하는 결정규범으로 좁혀진다.

"규범적?"이라는 질문과 "구체적?"이라는 질문을 달리 취급하지 않는 것은 전통적인 제 학설에서 만연된 '외견상의' 착각이나, 사실은 객관적·체계적인 착각이다. 실재론적으로 관찰하면, 그와는 반대로 현행법에서 정당화할 수 있는 사건해결은 결정하는 법률가의 창조적 행위, 즉 **구체화**를 통하여 작업요소들을 전향적으로 구체적인 것으로 만드는 과정이다. 출발자료들은 사실적인 것으로부터 보면 사건이며, '현행법'으로부터 보면 현행법에 의하여 가설적으로 선택된 규범텍스트이다.[15] 법률가는 사건에서 출발하여 사건의 특징들을 가지고 이른바 현행법의 규범텍스트집합으로부터 그가 해당되는 것으로 간주하는 바로 그 규범텍스트가설을 선택한다. 법률가는 규범텍스트가설로부터 규범텍스트가설의 선택을 통하여 해당되는 것으로 간주된 법규범에 도달하고 사항영역을 일반적으로 사건영역으로 축소한다. 이러한 모든 요소들은 비규범적이다. 법적 구체화과정은 — "바로" 법규범과 함께 심지어 포괄적 규범적 심급을 처음부터 배치할 수 있다고 둘러대는 지배적인 실증주의적 또는 반실증주의적 구상과는 반대로 — 규범적 출발자료 없이 수행되어야 한다.

그럼에도 불구하고 구체화과정은 '자유로운', 자의적인, 비법적인 것이 아니다. 왜냐하면 사건을 도외시한다면 그 과정의 모든 출발단위들은 사건 내에서 그리고 사건을 위해서 **규범적 자료들의 생산**을 목표로 정렬되어 있기 때문이다. 언어자료들과 관련하여 규범텍스트는 규범프로그램을 작성하는 데 인도한다. 사실자료들과 관련하여 규범텍스트는 사항영역을 선택하는 데 인도하며, 사항영역의 수축은 사

---

15) "사건"(Sachverhalt), "사항영역"(Sachbereich)과 "사건영역"(Fallbereich)이라는 개념들에 대해서는 *F. Müller*, Strukturierende Rechtslehre, 1984, 250ff. 참조.

건영역에, 사건영역의 수축은 규범프로그램에 정향된 규범영역의 구성에 인도한다. 규범프로그램과 규범영역은 공동으로 (규범적) 법규범을 이루며, 법규범은 개별적인 사건에 대해서 (규범적) 결정규범으로 극단화된다. 그러므로 결정을 통하여 법형식을 취하는 사건은 규범적 심급의 지배하에 놓이는 반면, 이른바 비규범적 출발요인들은 예외 없이 이러한 규범적 심급을 방법적으로 통제되게, 합리적으로 서술할 수 있게 그리고 사후적으로 이해될 수 있게 생산하려는 성향이 있다. 그러므로 법적 작업의 **규범적** 요소는 그때마다 처음으로 법적 작업의 **결과**이다. 즉 법규범은 중간결과로서, 결정규범은 최종결과로서 법적 작업의 결과이다.

출발단위로서 — 사건 외에 — 예컨대 해당되는 규범텍스트 대신에 그에게 해당되는 것으로 생각되는 (법률적으로 구속력을 가지지 않는) 법원의 판결이나 그에게 개인적으로 마음에 드는 결정목표를 선택하는 법률가는 주관적으로는 의무에 반하는 행위를 하는 것이고 객관적으로는 법에 반하는 행위를 하는 것이다. 그리고 결국 그는 현행법의 규범텍스트를 나중에 덧붙이고 그리고 나서 작업을 올바르게 끝냈다고 하는 것과 같다. "객관적으로 법위반"이라는 판단은 다음과 같은 경우에도, 즉 올바르게 획득된 결과가 말하자면 우연히 아주 똑같은 내용이고 그리고 따라서 결정이 그 실제적 생성에 따라 정당화되지는 않지만 그러나 결과에서 현행법에 따라 정당화될 수 있는 경우에도 배제될 수 있다.

결정작업의 출발자료들 가운데서 사건이 규범적이지 않다는 사실은 놀라운 일이 아니다. 그러나 우선 규범텍스트에 대하여 동일한 진술은 예상 밖이다. 규범텍스트는 법규범과 결정규범과 동일한 것이 아니기 때문에 규범텍스트에는 **규범성**이 없다.[16] 규범성은 실증주의 이후에 구성된 과정으로 이해될 수 있으며, 그 과정은 법규범의 규범프로그램과 규범영역의 공동작용에서 시작되어 결정규범으로 계속된다. "규범성"은 한 규범의, 즉 사항적으로 각인되고 구성된 법적 질서모델의 동적 속성을 나타내며, 그러한 법적 질서모델은 그 기초를 이루는 현실을 정서(整序)함과 동시에 자체로서 이러한 현실에 의하여 제약된다. 그에 반하여 **효력**은 '현행법'에 대한 것이며 규범텍스트집합(제 법전 내에 있는 모든 규범문언의 전체)에 귀속되는 것이다. 효력부여는 법의무를 발생시키는 데, 즉 **규범의 수범자들**에 대하여는 일반적으로 규범텍스트가 그들의 행위에 해당된다고 생각되는 한 그들이 행위에 있어 규범텍스트를 기속적인 것으로 지향하고, 결정할 소임이 있는 **법률가들**에게는 복무의무의 의미에서 규범텍스트를, 결정될 사건에 적합한 한, 그들의 구체화작업의 출발자료로 삼을 것, 즉 규범텍스트를 법규범과 결정규범을 획득하는 데 사실상 끌어들여 방법적으로 올바르게 고려하는 데 있다. 이러한 의무부과는 중복해서 규범적으로 근거지어지며, 그리고 그것도 — 그 사건에 해당하는 규범텍스트와 연계하여 — 또한 그 밖의 규정들(기본법 제20조 제3항, 제97조 제1항, 소송법, 공무원법 그리고 보충적 규정들)을 통해서도 정당화된다.

"도대체 법률사건을 해결하는 자는 누구인가?"라는 질문에 대하여 근대법학에서는 다양한 역사적 기본입장들이 구분된다. 사건은 결국 (규정텍스트와 혼동된) 규정 자체에 의하여 해결된다는 생각은 원래의 법률실증주의에 속한다. 왜냐하면 법률가는 아무것도 부가하지 않

---

16) 이 개념에 대하여는 F. *Müller*, Strukturierende Rechtslehre, 1984, 예컨대 17, 256ff. - 본문에서 따르고 있는 관점에 대하여는 같은 책, 41f, 147f. 그리고 자주 실증주의적 삼단논법사고와 포섭사고에 대해서; 순수법학의 입장에 대하여는 같은 책, 24ff. - 규범의 "**규범성**"과 규범텍스트의 "**효력**"의 구별에 대하여는 같은 책, 예컨대 17 참조. 구체화과정의 **주체**에 대한 질문에 대하여는 같은 책, 261f, 341, 375.

고 자신의 책임 하에 행동하지 않으며 오직 객관적인 논리만이 지배하도록 하기 때문이다. 삼단논법, 포섭, 개념적 구성은, 결정하는 법률가가 실질적으로 정당화하는 평가를 할 것을 요구하지 않으면서, 법률가의 정당성에 대한 책임과 결과에 대한 책임을 환기(喚起)할 수도 없으면서, 순 인식적으로 **논리적** 판단기준을 받아들인다. 특성과 외연에 따라 적당한 법적 사건이 돌연 발생하면 "규범"이라는 대전제는 규범의 소전제인 "사건"에 복종한다.

후기 실증주의에 속하는 순수법학의 시각에서는 (아직도 규범텍스트와 혼동되는) 규범을 이용하여 사건을 해결하는 것은 다름 아닌 법률가이다. 왜냐하면 논리적으로 지배할 수 없는, 명백하게 확정할 수 없는 여분의 활동여지가 남아 있는 한 논리가 제 기능을 발휘하지 못하는 경우에는 책임을 지는 행위가 필수적이기 때문이다. 규범이 사건을 완벽하고 엄밀하게 지배하지 않는 한 흠결로부터 논리를 대신하여 **법정책적 결정**을 내릴 수밖에 없다. 실제적인 관점에서 관찰할 때 켈젠 *Kelsen*은 이와 같은 것이 전형적인 사건이라는 것을 인식하고 있다. 그럼에도 불구하고 체계적으로는 법정책적 책임의 인정은 승인을, 즉 삼단논법적 사고가 제 기능을 발휘하지 못하는 경우 비상조치가 불가피하다는 것을 나타낸다. 법률가의 행위에 대해서 법이론에서 당위와 존재의 인위적 대비는 남아 있는 활동여지에서 논리와 법정책적 정립의 인위적 대비와 상응한다. "바로" 규범은 예나 지금이나 선존하는 것으로 관찰되고 있고, 단지 규범이 결정을 위해서 **수축되고** 있을 뿐이다.

구성법학의 경우에 법률문제를 해결하는 것은 규범이나 규범의 문언 또는 방법상의 지시가 아니다. 규범텍스트에서 출발하여 그리고 규범텍스트의 법치국가적 한계 내에서 방법상의 규칙들을 이용하여 결정하고, 근거를 제시하며, 전달하고 경우에 따라서는 결정규범을 사실상 관철시키는 것은 행동하는 법률가이다. 구체화과정의 **주체**는 결코 법규범이 아니다. 법규범은 선존하는 것이 아니라 — 왜냐하면 이러한 일은 법규범텍스트에 의해서만 이야기될 수 있기 때문에 — 사건에서 법률가에 의하여 비로소 생산되고 그리고 나서 결정규범으로 개별화되어야 하기 때문에, **법률가**가 법실현의 주체이자 법실현에 책임 있는 자이다. 정확히 말해서 논리적으로 지배할 수 없는 활동여지에서 뿐만 아니라 또한 일반적으로 결정과정에 대해서도 법률가가 법실현의 주체이자 법실현에 책임 있는 자이다. 규범을 생산하는, 방법을 지킬 의무가 있는 법작업자는 (사건, 규범텍스트가설 그리고 사항영역의 마지막에 구성적으로 획득된) 법규범으로부터 결론되어야 하는 결정규범을 통하여 사건을 해결한다. 법규범 자체는 방법적으로 합리적으로 이해될 수 있어야 하며, 현행법의 특정 규범텍스트에 편입될 수 있어야 한다. 그러므로 구체화는 재구성이 아니다. '**규범구체화**'는 그로부터 궁극적으로 아직도 결정규범이 도출되는 것이 남아 있는 법규범의 **구성을 의미한다.**

규범텍스트와 사건에서 출발하여 법규범을 획득하는 일은 법으로부터 자유롭지 않다. 법률가는 자신에 의하여 사건에서 획득된 법규범에 기속되어 있으며, 결정규범은 법규범으로부터 **결론되어야 한다.** 자신에 의하여 이제 금방 구성된 규범적 심급에 자신이 기속되는 것은 자가당착이 아니라 전통적인 착각과 그러한 착각으로부터 결론되는 개념의 혼동으로부터 해방된, 사건을 법적 구속력 있게 결정함에 있어 발생하는 것의 현실적 기술이다.

3. 포섭모델에 대한 상론

법관법에 관한 학설은 중심(重心)에 따라 두 개의 집단을 구성하고 있다. 첫 번째 집단은 "법관의 행동은 포섭 이상의 것이기 **때문에** 법관법"이라고 한다. 이 경우에는 "적용할 수 있는", 원칙적으로 "포섭할 수 있는" 규범텍스트가 존재한다. 두 번째 입장은 "적용할 수 있는, 포섭할 수 있는 규범(올바르게는 규범텍스트)은 존재하지 않으며, 그러한 규범은 실정법적 근거 이상의 다른 근거에서 법관에 의하여 정립되어야 하기 **때문에** 법관법"으로 기술될 수 있다. 이 경우의 대응방식은 "더 고차적인" 비법규범, 더 정확하게는 규범텍스트가 아닌 텍스트로부터 연역을 통해서 정당화된다.

두 가지 변형은 법률실증주의의 규범이해에 구속되어 있기 때문에 법률실증주의의 포섭모델에 구속되어 있다. 이러한 관념의 붕괴를 새로운 비합리적인 구상에, 이번에는 법관법의 구상에 근거를 제공하는 데 외견상으로는 적확(的確)하게 사용함으로써, 사람들은 법률실증주의로부터 무흠결의 그리고 적용될 준비가 되어 있는 법질서라는 망상을 간접적으로 인수한다. 만일 법관의 결정이 대체로 더 이상 포섭이 아니라면 "빈 공간"이 생겨난다. 그 결과 이 빈 공간을 "법률외적 원칙"으로 채우기 위하여 "도구"가 탐색되어야 한다.[17) 포섭의 특수한 경우를 능가하는 모든 수작업적으로 정확한, 방법적으로 합리적인, 확증할 수 있게 규범지향적인 법적 작업은 그와 동시에 포기될 수도 있을 것이다. 이른바 빈 공간을 채우는 것은 실은 결국 사실이 된 실증주의 이후의 방법론이지, 법률외적인, 실정법질서의 외부에 놓여 있

---

17) 지배적 구상의 이름으로 *Wieacker*, Gesetz und Richterkunst, 1958, 3f., 5ff., 8f.가 그러하다.

는 정당성주장에로의 도피가 아니다. 추천되는 것은 "포섭이냐 또는 법관법이냐"라는 양자택일이 아니라 이행할 수 없는 포섭으로부터 실천적인 구체화의 방법으로 진로를 변경하는 것이다.

그와 동시에 또한 법관법에 대한 질문에 대한 확실한 대답도 발견될 수 있다. 창조적인 활동을 의식하는 것은 법사회학적으로 법교육을 받은 전문법률가의 유형에는 어울리지 않으나 카리스마를 가진 법예언자에게는 어울린다. 객관적으로 관찰하면 매우 창조적인 법실무가는 스스로를 "이미 … 유효한 규범의 '창조자'가 아니라 단지 그 입, 그 해석자이자 적용자"로 여긴다.[18] 그런데 그 실제과정이 심사숙고된 것이든 또는 포섭이라는 의제모델에 의하여 불명확해진 것이든 구체화의 방법은 실제과정을 자세하게 묘사한다.

그에 반하여 두 번째 유형은 증명할 수 있는 실정법 밖에서의 독자적 정립에 해당한다. 이러한 형태의 법관법에서 결정하는 자들은 자신들이 하는 일을 매우 정확하게 알고 있다. 그렇다면 이곳에서 발생하는 문제는 법적 명사(名士)들에 의하여 경험적 법창조와 법발견으로, 공무원법과 국제법 사이에서 두 개의 정당성을 근거로 로마제국에서 보호수단의 창조와 선결례에 의한 법창조로 체계정합적인 것일 수 있었던 것이 역사적 그리고 유형적으로 뿐만 아니라 또한 특히 헌법적으로 오늘날에도 허용될 수 있는가 여부이다.

실증주의 이후의 구상은 규범텍스트와 규범을 예외 없이 구별함으로써 법관의 행위가 항상 창조적이고, 계속형성적일 수밖에 없는 이유를 설명할 수 있다. 실증주의와 그 아포리아로부터 여전히 벗어나지 못한 법관법의 학설에 있어서 성문법은 '적용되는 것', 즉 적용의 과정에서 변화되지 않는 것이다. 그에 반하여 실제로 변화되지 않는

---

18) *Max Weber*, Rechtssoziologie, 2. Aufl. 1967, 218ff., 250, 329ff., 345. — 보호수단의 창조와 선결례에 의한 법창조에 대하여는 같은 책, 228ff.

것은 규범텍스트이다. 법규범은 법규범 편에서 보면 규범텍스트의, 그러므로 규정의 공적인 문언의 텍스트적 변화에 불과한 것은 아니다. 법규범은 구체화의 과정에서 규범프로그램과 규범영역으로부터 일반적으로 비로소 만들어져야 한다. 자신의 행위의 규범성과 규정적 요인으로서의 실정법을 매우 장담하는 법률실증주의는 법규범을 전적으로 간과하였다. 법률실증주의는 규범텍스트와 사건만을 응시하여 이 둘을 논리적 법적 삼단논법을 통하여, 소전제를 대전제에 평가 없이 포섭함으로써 이 둘을 아무 문제없이 연결시키려고 하였다. 그에 반하여 구성법학에 있어서는 오래전부터[19] 법관법은, 그것이 '창조적으로' 단순한 포섭을 넘어서야 하는 한, 규범 저쪽의 현상이 아닌 규범적 현상을 의미하였다. 왜냐하면 법률실증주의와 법관법학설에 있어 현행법의 저쪽으로 전위(轉位)하는 일은 오로지 축소된 규범이론을 토대로 해서만 그리고 규범텍스트와 규범을 동일시하는 것을 토대로 해서만 가능하였기 때문이다. 특히 법규범은 규범텍스트와는 다른 그 무엇일 뿐만 아니라 또한 규범텍스트 이상의 것이기도 하기 때문에 그리고 법규범은 규범텍스트와 사건에서 출발하여 처음으로 획득되어야 하기 때문에, 법을 '적용하는 일'은 모두가 내용을 풍부하게 하는 일이다.

경험적으로는 포섭의 과정도 존재한다. 그러나 그것은 예외적인 경우이지 지배적인 형태는 아니다. 예외적인 경우에만 의존하고자 하는 규범구상과 방법구상은 "텅빈", "법으로부터 자유로운 영역"에서 실패한다. 실증주의는 — 또한 그의 무흠결성에 대한 신앙고백, 그의 사회적 현실을 배제하는 규범텍스트와 규범의 동일시와 마찬가지로 — 그에 대한 의미 있는 예를 제공한다. '법문에 사건을 포섭하는 것'

---

19) F. *Müller*, Notmstruktur und Normativität, 1966, 예컨대 192부터.

은 흔치 않은 예외로서는 유용하나 규범이론, 방법론 및 법이론의 토대로서는 유용하지 않다. 그러나 법문에 사건을 포섭하는 것은 말하자면 측면으로부터 원칙적인 유형을 더 훌륭하게 설명할 수 있다. 법문에 사건을 포섭하는 것은, 구성법학의 용어로 말한다면, 다음과 같은 속성들에 의하여 두드러진다. 즉 언어적 구체화요소들, 언어자료들 그리고 이러한 것들로부터 획득된 규범프로그램과 비교하면 규범영역 구성요소들은 언급할 가치가 있는 역할을 수행하지 않는다. 기간과 지급일에 대한 본질적으로 양적으로, 특히 숫자로 규정된 규범텍스트와 형식적인 조직규범들의 경우가 그에 해당한다. 그럼에도 불구하고 이러한 것들에서 실무는 단순히 논리적 포섭과 모순되는 어려움을 만난다. 특별한 문제가 없는 것으로 적용되는 기본법 제22조("연방의 국기(國旗)는 흑(黑)·적(赤)·황색(黃色)이다")와 같은 규정들도 문제를 제기할 수 있다.[20]

이러한 흔치않은 예외적인 경우들에 있어서도 종래의 학설들과 견해를 같이하여 사건을 올바르게 해결하기 위하여 문법적 해석 이외의 다른 해석이 필요하지 않을 정도로 법규범과 사건이 좁혀지고 특히 서로 일치되어 있다고 말하는 것은 적절치 않다. 구성법학의 용어로 말한다면 이는 사건과 (법규범이 아니라) 규범텍스트가 정확히 일치하여 그 밖의 사정이 없더라도 단순히 문법적 해석의 결과로서 규범프로그램을 규범텍스트로부터 끌어 낼 수 있다는 것을 의미할 것이다. 그러나 지배적 이해에 대하여 이러한 진술은 다음과 같이 결정적으로 제한되어야 한다. 즉 "바로 그" 사건이 아닌, 판단의 대상이 되

---

20) 규범구조의 유형학에 대하여는 F. Müller, Juristische Methodik, 2. Aufl. 1976, 여러 가지 예가 소개되어 있는 122ff., 223. 개별적인 규범영역유형의 특성에 대하여는 ders., Strukturierende Rechtslehre, 1984, 342ff. — 기본법 제22조와 관련된 문제점들에 대한 지시는 Bryde, Verfassungsentwicklung, 1982, 81.

는 전체의 사회적 사태가 아닌, 사건과 사회적 사태의 개별적인 구성요소만이 좁혀지고 특별하게 규정되어, 해석의 그 밖의 수단으로써 포괄적인 규범프로그램이 반드시 획득되지 않고 더 나아가서 규범영역요소들이 반드시 획득되지 않더라도, 사건은 단지 문법적으로만 해석된 규범텍스트로부터 즉시 파악되고 법에 따라 해결될 수 있다. 그렇게 되면 일반적으로 사건이 아닌 이러한 구성요소가 그때그때 특정한 이유에서 법률가가 문제되는 시점에서 전념해야 하는 유일한 것이다. 그에 대한 이유는 법적인 것일 수 있다. 예컨대 그에 대한 이유는 청구기간을 준수하지 않았다거나 또는 사건결정을 위한 전제요건에 흠이 있다는 것을 이유로 소나 청구를 각하하는 것이다. 또는 (결정)이유는 순전히 해결기술적 요소들에,21) 따라서 참고인의 진술양식의 구비 대신 판결양식의 구비에 있을 수 있다.

체계적으로 관찰하면, 또한 규범텍스트/사건영역과 결정규범의 영역 사이의 그러한 예외적인 경우들에서도 우선 법규범은 구체화되어야, 즉 구성적으로 획득되어야 한다. 다만 이곳에서 중간결과인 "법규범"의 경우 다음과 같은 두 가지 이유에서 이와 같은 것은 더 이상 명백하지 않다. 우선은 규범영역이 결여되어 있어서 규범프로그램으로 인도하는 언어자료만이 가시적이기 때문이다. 다음은 그러한 상황에서는 이러한 규범프로그램은 규범텍스트를 능가하지 않는 것으로 가정되기 때문에, 즉 규범프로그램은 규범텍스트를 문법적으로 해석한 결과만을 제시하기 때문이다. 그러므로 규범이론적으로 이야기하면 포섭하는 경우에 법규범은 그 구성요소인 규범프로그램과 그리고 규범프로그램은 단순히 문법적으로 해석된 규범텍스트와 구별되지 않는다. 그러므로 이곳에서는 규범텍스트와 법규범의 동일시는 체계적

---

21) 해결기술적 요소들에 대하여는 *F. Müller*, Juristische Methodik, 2. Aufl. 1976, 예컨대 146ff., 187f., 255f., 266.

으로 근거지어지지는 않았으나 외관상 가능하다. 그러나 이러한 예외
상황에서도 포섭함에 실무상 어려움이 발생하는 곳에서는, "순수한"
삼단논법으로부터의 일탈이 규명될 수 있는 곳에서는 사정이 다르다.
어려움은 다음과 같은 두 가지 근본이유에서 설명된다. 하나는 문법
적 구체화요소는 이미 출발점에서부터 다른 것들과, 즉 그 밖의 문언
과, 연관되는 규범들을 변형하는 규정과(체계적 해석), 구체화하는 규
범의 선행규범들의 문언과(역사적 해석) 그리고 입법자료와 해석론텍
스트와 같은 비규범적 전거들의 텍스트들과(성립사적 해석, 해석론적
요소) 밀접하게 관련되어 있기 때문이다.22) 사건과 관련하여 규범텍
스트가 보여주는 가능한 언어적 의미변형에 대한 첫 번째 탐색에서
이미 다른 요소들까지 파악하게 된다. 법률가는 이미 결정과정의 출
발점에서부터 사건과 규범텍스트뿐만 아니라 또한 동시에 상세한 규
범텍스트들, 특히 관련 판결, 주석서, 교과서 및 단행본을 주시한다.
방법론의 지배적 기본입장의 토대 위에서 이러한 사실은 실무가에게
틀림없이 기이한 생각을 가지게 할 것이다. 실증주의 이후의 규범이
론과 방법론의 배경에서 보면 이러한 사실은 불가피하고 정당한 것으
로 생각된다. 문법적 구체화요소를 다른 구체화요소들과 관련시키는
것과 더불어 두 번째 원인은 예외적으로 포섭할 수 있는 사건의 구
성요소를 동일한 법률사건의 다른 측면과 연관시키는 데 있다. 동일
한 법률사건의 다른 측면은 소송상의 이유에서 고려되지 않으나 그럼
에도 불구하고 존재하며 법률가가 전체사건에 몰두하기 때문에 법률

---

22) 그에 대하여 개별적인 것은 F. Müller, Juristische Methodik, 2. Aufl. 1976, 예컨대
148ff., 149f., 267f. — 언어학의 그 현대적 구상에 대한 구성적 구상의 관계에 대
하여는 F. Müller, Strukturierende Rechtslehre, 1984, 372ff.와 더 나아가서 *Christensen*,
Das Problem des Richterrechts aus der Sicht der Strukturierenden Rechtslehre, ARSP
1986.

가에게는 잘 알려져 있다. 그것에 의해서 추가적으로 법적 삼단논법의 의미에서 형식논리적 포섭과 관련하여 발생하는 어려움이 밝혀진다. 법적 삼단논법이 적절하다고 생각되는 사건들에서 법적 삼단논법은 곧 대부분 적용될 수 없는 것으로 밝혀질 것이다. 종종 역사적, 성립사적, 체계적 그리고 해석론적 자료들은 문법적으로만 해석해서는 해결되지 않는 문제들을 첨가하거나 예컨대 우선 사건의 중요하지 않은 요소들로부터 규범텍스트의 문법적 해석의 틀을 넘어서는 사항영역요소들을 혼합한다. 이 시점부터 더 이상 문언에 포섭할 수는 없고 여느 때와 마찬가지로 사건과 규범텍스트에서 출발하여 유형적으로 사건과 관련되는 법규범이 만들어져야 한다. 그리고 그것도 언어자료를 해석한 결과로서의 법규범의 규범프로그램과 규범프로그램을 이용하여 사항(내지는 사건)영역으로부터 선택된 사건을 구성하는 사실들의 부분으로서의 법규범의 규범영역을 가지고 법규범이 만들어져야 한다.

물론 체계적으로 다른 곳에서는 포섭과정이 존재하며, 그리고 법적 결정의 원칙적인 경우에도 포섭과정이 존재한다. 법률가가 만들어낸 법규범은 사건과 관련되어 있다. 그러나 동시에 그 법규범은 일반적인 원칙을 나타내야 하며 법치국가적으로 일반화될 수 있어야 한다. 현행법에의 기속 하에 획득된 사건의 해결로서의 법규범은 **당면한 사건에서와 마찬가지로 모든 사건에서** 동일하게 결정되어야지 달리 결정되어서는 안 된다는 것을 표현한다. 이로부터 사건의 구체적 결정이 도출되어야 한다. 이 최후의 단계, 그러나 처음으로 이 단계는 사실상 포섭이며, 법규범을 결정규범으로 개별화하는 결론이다.[23] 결정

---

23) 그에 대하여는 F. *Müller*, Strukturierende Rechtslehre, 1984, 예컨대 263ff., 265f.(1983. 2. 16. 연방헌법재판소의 재선거 결정을 실례로); 결정규범에 대하여 더 이상의 것은 같은 책, 116f., 196ff., 264ff.

규범은 사건에 의하여 제기된 법문제와 관련하여 결정주문을 나타낸다. 결정규범은 작업을 시작할 때 사전에 만들어진 법규범에 비하면 자기법칙적인 것은 아니나, 사전에 만들어진 법규범을 방법적으로 사후적으로 이해할 수 있고 사전에 만들어진 법규범에 정확하게 편입될 수 있어야 한다. 동일한 이야기가 결정과정의 출발자료, 사건 및 규범텍스트와 관련하여 법규범에 적용된다. 법규범이론을 기초로 그리고 실무상의 해석론을 위해 실증주의 이후의 법적 방법론은 이러한 편입과정에 대한 충분히 세분화된 원칙들을 제시하여야 한다. 그에 반하여 종결적 편입행위, 일반적 법규범을 사건문제에 개별화하는 일은 포섭으로서 단순히 구성적이다. 그러나 — 규범텍스트로부터 판단하면 — 중요한 것은 **창조적으로 생산된 법규범에 포섭하는 것이지 선존하는 법규범에 포섭하는 것이 아니며,** 법관(또는 구체화하는 행정부의 법률가)에 의하여 창조된 규범에 포섭하는 것이지 "입법자"에 의하여 창조된 규범에 포섭하는 것이 아니다.[24]

제2절 판결의 분석

구체화의 정상적인 경우에 법관은 사건과 규범텍스트에서 출발하여 여러 중간단계를 거쳐 **당면한 사건과 마찬가지로 모든 사건을** 해결하기 위한 법규범을 만들어내며, 그 법규범을 마침내 포섭에 의하여 **당면한 사건을** 해결하기 위한 결정주문으로 개별화한다. 그러므로 법관은 단순한 법적 삼단논법의 모든 관념을 넘어서는 광범위한 위임, 그때그때의 결정규범뿐만 아니라 또한 그때그때 결정규범에 결정

---

24) 그에 대하여는 F. *Müller*, Struktuierende Rechtslehre, 1984, 263ff., 270ff.

적인 법규범을 정립할 위임을 받고 있다. 그러므로 법관은 "법률에만 복종하여"(기본법 제97조 제1항) 행동할 의무가 있기 때문에 법관은 사실상 규범텍스트에 복종하고 있다. 즉 이는 법규범을 방법적으로 합리적으로 사후적으로 이해할 수 있게 해당 규범텍스트에서 정당화될 수 있도록 할 의무를 뜻한다. 규범텍스트의 정립에 법관이 특별한 영향력을 가지고 있는 것은 아니다. 자기 자신을 일반적인 법규범으로, 즉 당면한 사건과 마찬가지로 모든 사건에 적용될 수 있는 법규범으로 정립하여야 하는 법규범은 법치국가조항과 민주주의조항에, 작업기술적으로 관찰하면 민주적 요청과 법치국가적 요청을 충족하는 방법론에 기속되어 있다. 그에 반하여 어쨌든 법관법이라는 대단한 경우는 적당한 규범텍스트가 처음부터 존재하고 있지 않다는 사실에 의하여 커다란 영향을 받고 있다. 이미 이러한 이유에서 더 이상 사법권에 부여된 구체화의 구체화, 법관에게 삼단논법과 포섭을 넘어 그렇게 풍부한 권한을 부여하는 구체화의 (현행법에 대한 기속에서 결과되는) 구체화가 문제될 수 없다.

금세기가 시작된 이래 법관법의 영역은 **민법**이었으며, 최근에 그 영역은 노동법 판례에 의하여 괄목할 만큼 확장되었다. '법률에 대한 법관의 주권'이라는 노선을 추구하는 몇 안 되는 개척정신은 **헌법**의 해석론에서 발견된다. 물론 헌법재판은, 헌법재판을 법관법실무와 민법에서의 상응하는 학설들과 함께 부수적으로, 즉 기본법의 기준이라는 관점에서 이해하는 한, 광범위하게 민법에서의 구상들에 동참하였다. 끝으로 **형법**은 일반적인 견해에 따르면 ― 기본법 제103조 제2항25)을 배경으로 한 특별한 유추금지 때문에 ― '유추'에 의해서든

---

25) 훌륭한 이유에서 기본법 제103조 제2항은 엄격하게 이해될 수 있다. 이미 기본법 제97조 제1항에 따라 법관의 법률에의 기속 때문에 행위자에게 **유리한** '무제한적' 유추도 견지될 수 없다. 더 나아가서 기본법 제103조 제2항은 그 규범텍스

'자유로운' 법창조에 의해서든 어쨌든 형벌을 정당화하거나 형벌을 강화하는 법관법이 존재해서는 안 되는 유일한 법영역이다. 형법에서 우연히 행해지는 형법구성요건 개념(특히 최근에 "폭력"개념)의 '확장해석'은 법관법과 동일한 규범적 척도의 지배를 받고 있다. 즉 결정규범이 결정규범의 법규범에 방법적으로 사후에 이해될 수 있게 편입될 수 없거나 결정규범의 법규범이 규범텍스트에 방법적으로 사후에 이해될 수 있게 편입될 수 없다면, 결정규범은 위법하게 형성된 것이다. 그 경우 사건결정은 더 이상 현행법에 따른 사건결정이 아니다. 법규범이 어쨌든 규범텍스트와 더 이상 합치되지 않거나('확장해석', '유추') 규범텍스트 일반이 흠결되어 있다면('법관법') 형법에서 그 가운데 두 가지 주요형태가 존재한다.

그럼에도 불구하고 전형적인 법관법의 사례가 가끔 이 영역에서도 확인된다. 1981년 5월 19일 연방대법원 형사대합의부 결정은 그에 대한 두드러진 예를 제공한다.[26] 그곳에서 문제된 것은 배심재판소가 살인을 이유로 피고인에게 무기형을 언도한 사건이었다. 그와 동시에 형법 제211조의 의미에서 "위계"살인이 인정되었다. 연방대법원 형사합의4부는 이러한 구성요건표지를 긍정하는 데 법적으로 주저하였다. 형사합의4부는 법원조직법 제137조에 의한 절차의 범위 내에서 "법을 계속형성하기 위해서는" 그리 죄질이 나쁘지 않은 경우에는[27] 기

트에서 형벌의 정당화나 확대를 언급하지 않고 양자를 구별하지 않으면서 가벌성의 "규정"을 언급하고 있다. 그러므로 법적 안정성과 법적 평등의 관점에서 기본법 제107조 제3항은 "입법자에 의하여 전속적으로 형법법문이 형성될 것에 대한 권한규범으로" 이해될 수 있다. 그에 대하여는 *Köhler*, Zur Strafbarkeit des Mordes bei "außergewöhnlichen Umständen", JuS 1984, 762ff., 768.

26) BGHSt 30, 105ff, 특히 118ff.

27) 더 정확히 말하면 "희생자가 범인이나 범인의 가까운 친척을 심하게 모욕하고, 학대하고 죽이겠다고 협박함으로써 범인이 범행을 하게 되었다면 그리고 범행의 실행이 희생자의 순진성이나 무저항을 의식적으로 이용한 것을 넘어 특히

존의 판례에 반하여 위계살인의 표지가 부정될 수 있는가 여부에 대한 형사대합의부의 결정이 필요한 것으로 간주하였다. 대합의부는 그 이전에는 다음과 같은 견해를 주장하였다. 형법 제211조 제2항은 법률에 의하여 특히 비난되는 것으로 판단된 기수(旣遂)의 살인죄의 구성요건을 한정하고 있다. 그렇기 때문에 추가적인 비난가능성 심사는 고려의 대상이 아니다. 그에 반하여 1981년 5월 19일의 결정에서 대합의부는 무기징역의 선고가 지나친 것으로 생각되는 비상한 상황에서도 살인의 구성요건측면에서 판결할 수 있다고 결정하였다. 그럼에도 불구하고 법률효과의 측면에서는 그러한 호의적으로 생각되는 예외적인 경우에는 법률이 절대적으로 규정하고 있는 무기형은 유추에 의하여 채택된 새로운 법률효과에 의하여, 즉 형법 제49조 제1항 제1호의 "개방적" 형량의 범위에 의하여 "대체되어" 무기형은 3년 이상 5년 이하의 징역형으로 감형된다. 이 결정요지에 포함되어 있는 형량의 범위에서 대합의부에 의하여 표현된 법규범은 상응하는 규범텍스트와 함께 있다. 그리고 결정규범은 법원조직법 제137조에 의한 절차에서 형사합의4부에 대해서 행해진 이러한 의미에서 결정하라는 지시에 있다.[28]

객관적으로 연방대법원은 이러한 이른바 법률효과해결로써 그에 대하여 실정법에 근거가 없음에도 불구하고 새로운 구성요건, 즉 "그리 죄질이 나쁘지 않은 경우의 살인"의 구성요건을 정립하였다.[29] 형

비난할(악의가 있다거나 또는 음험한) 수 없는 경우에는"; BGHSt 30, 106; 대합의부의 종전의 판례에 대하여는 같은 곳, 111.

28) BGHSt 30, 105(결정요지), 121f.

29) 이러한 결과는 *Köhler*, JuS 1984, 762ff., 770. 이곳에서 흠결논거가 적절한가라는 물음과 대합의부가 기본법 제100조 제1항에 대한 물음을 연방헌법재판소에 제청하였어야 한다는 데 대해서는 같은 곳, 768. 예컨대 *Bruns*, Richterliche Rechtsfortbildung oder unzulässige Gesetzesänderung der Strafdrohung für Mord?, JR 1981, 358ff., 361f.와

법 제211조에 의하여 한정적으로 규정된 형량을 조작하기 위한 기초로서 "비상한 상황"을 도입함으로써 생겨나는 법률의 개정은 연방대법원에 의하여 이른바 규정흠결의 보완으로 선언되었다. 그러나 그러한 규정흠결은 이곳에는 존재하지 않았다. 이 사건은 의도와 다른 실정법의 불완전성은 "전체 현행법질서의 척도에 따라" 확인할 수 있다는 법관의 주장의 임의성을 명확하게 증명하고 있다.[30] 어쨌든 앞의 사건을 위해서 형법 제211조에서 규범텍스트로부터 이론의 여지가 없는 살인구성요건과 법률효과가 결합된다는 데 대해서 어떤 "흠결"도 없다. 오히려 대합의부는 성문법적인 규범, 더 정확하게는 규범텍스트를 또한 자신의 자기이해에 따라서도 파괴하였다.[31]

사건을 해결하기 위해서 적용되는 규범텍스트는 형법 제211조 제1항에 있는 살인에 대한 형벌의 위협이다. 규범텍스트는 개별사건의 상황에 가치를 부여하는 고려를 배제한다. 규범텍스트에 따르면 — 연방대법원의 어투에서는 "명시적인 법률규정에 따르면"[32] — 경감사유 때문에 형벌의 위협이 감소되지는 않는다. 그럼에도 불구하고 연방대법원은 "그러한 고려를 하기 위해서 개방적인 형량의 범위"에 의하여 이 규범텍스트를 대체하는 것에 대해서 "헌법상의 비례원칙"을 고려하기 위해서라는 말을 한다. 따라서 대합의부는 실정 규범텍스트에 **반하는** 사건에서뿐만 아니라 또한 일반적으로 그것을 **바꾸기**

Spendel, "Heimtücke" und gesetzliche Strafe bei Mord, JR 1983, 269ff., 271도 똑같은 견해이다. 결정에 대한 더 이상의 비판에 대한 논거는 *Köhler*, 앞의 논문, 768.

30) 다른 예에서 원칙적인 항변은 이미 *F. Müller*, Juristische Methodik, 2. Aufl. 1976, 207ff. 우려는 또한 *Koch/Rüßmann*, Juristische Begründungslehre, 1982, 246ff. 더 이상의 논거는 *Köhler*, 앞의 책, 768.

31) BGHSt 30, 105ff., 121에 있는 진지하게 "법질서의 변화"에 의하여 발생되는 후일의 "불완전성"을 암시하는 상론 참조.

32) 대합의부, BGHSt 30, 105ff., 118과 119에 따름.

까지 하면서, 즉 새로운, 공인된 규범텍스트와 다른 규범텍스트를 정당화하면서까지 그렇게 한다. 이 새로운 규범텍스트가 "살인조항의 **법률효과의 측면**을 보완한 것"으로 제시되고 있다. 살인조항의 법률효과의 측면은 "그럼에도 불구하고 형법 제49조 제1항 제1호의 형량의 범위가 적용되어야 한다"[33]라는 문장에 있다.

대합의부에 의하여 법관법적으로 정립된 이 규범텍스트의 구성요건측면은 "위계살인의 경우에 그 때문에 무기징역형의 선고가 비례적이 아니라고 생각되는 비상한 상황이 존재하면"이라는 가설에서 표현되고 있다. 그러나 이 진술은 다음과 같이 이중으로 제한되어야 한다. 첫째, 규범텍스트는 입법과정에서만 (예외적으로는 집행부에 의해서도 그리고 법률로 규정된 구속효의 경우에는 사법부에 의해서도) 정립될 수 있다. 그러므로 대합의부가 이곳에서 한 것은 '유사-규범텍스트'(Quasi-Normtext)로 표현될 수 있다. 둘째, 연방대법원의 견해에 따르면 "위계살인의 경우에 형법 제211조 제1항의 절대적 형벌을 배제하는(!) 비상한 상황을 최종적으로 정의하거나 열거하는 것은 … 가능하지 않다."[34] 그러므로 연방대법원은 일반조항의 '사이비-규범텍스트'(Pseudo-Normtext)를 정립하여 그것을 현존의 현행 규범문언, 대합의부의 말로는 "명시적인 법률규정" 대신에 자신의 이후의 결정행위의 사이비-규범적 토대로 삼았다. 이로써 법원조직법 제137조에 의한 절차의 가능성을 넘어섰다. 그밖에도 이 규정은 단순 법률 규정으로서 헌법적 의무로부터, 여기서는 기본법 제20조 제3항

---

33) BGHSt 30, 105, 결정요지. 그에 이어지는 인용.

34) 상게 판결 119; 감탄부호는 원문에는 없다. 이곳에서 연방대법원에 의하여 정립된 사이비 규범텍스트의 일반조항적 표현방식에 대하여는 또한 *Bruns*, Richterliche Rechtsfortbildung oder unzulässige Gesetzesänderung der Strafdrohung für Mord?, JR 1981, 358ff., 359.

과 기본법 제90조 제1항의 특별히 법관을 기속하는 규범으로부터 자유로울 수 없다. "헌법합치적 법적용"을 원용하고 싶어 하는 연방대법원의 최종적 정당화전략도 실패한다. 다른 구체화요소와 마찬가지로 이 구체화요소도 헌법적 요청, 여기서는 특히 권력분립의 요청 하에 있다. 확립된 판례에서 이 사고의 창시자, 연방헌법재판소는 확실히 인식할 수 있는 입법자의 의사에 반하는, 즉 충분히 명백한 규범텍스트에 반하는 헌법합치적 해석은 허용되지 않는다는 것을 고수한 바 있다.35) 이 한계도 이곳에서는 유월되었다. 대합의부의 핑계는, "헌법상의 과잉금지는 예외를 알지 못하므로" 대합의부는 "어쩔 수 없이" 그렇게 행동해야 했을지도 모르지만,36) 오도하는 결과를 가져왔다. 과잉금지는 입법자에게도 적용된다. 사법부는 일반적으로는 기본법 제20조 제3항에 의하여, 특별하게는 기본법 제97조 제1항에 의하여 법률에 기속되어 있다. 규범텍스트를 명백히 무시하는 일 그리고 이곳에서처럼 입법부가 만들지 않은 규범텍스트를 법관법적으로 자유롭게 정립하는 일은 과잉금지의 효력과는 전혀 무관한 일이다. 그 대신 연방대법원은 자신이 종전의 판결에서 완결된 것으로 다루었던37) 형법 제211조가 과잉금지를 위반하여 위헌이라는 견해를 개진할 수 있었을 것이다. 이 경우에는 기본법 제100조 제1항에 따라 의문을 연방헌법재판소에 제청하였어야 할 것이다.

이 사건은 법관법에 대한 명확한 예를 제공하지 않는다. 이 진술을 지지하는 동일한 근거들은 연방대법원의 대응방식을 — 또한 형법 해석론에서 상응하는 견해에 따르더라도38) — 허용하지 않는다. 대합

---

35) 그에 대하여는 판례의 논거와 함께 F. Müller, Juristische Methodik, 2. Aufl. 1976, 예컨대 72ff., 74f.
36) BGHSt 30, 105ff., 120.
37) 상게서, 논거와 함께 111.

의부가 그것을 이제 결코 지배적 흠결학설과 일치하지 않는 "흠결"로 선언하든 선언하지 않든[39] 대합의부가 채택한 대응방식은 그에게 실정법적으로 허용되지 않은 것이었다.

그럼에도 불구하고 심지어 여전히 형법의 이른바 특수지위는 불확실한 공리(公理)이다. 기본법 제103조 제2항은 (역사적인 이유에서 형법에 대하여) 이 침해적 법영역에 대해서 (어떤 행위의 가벌성을 — 역자) 개별적으로 규정할 것을 명령하고 있다. 그러나 그것과 비교하여 공권력의 모든 기능은 물론 다른 법자료에 대해서는 일반적 규정원칙이 불문의 헌법규범으로서 적용된다는 것은 의문의 여지없이 법치국가원리에 속한다. 똑같은 정도로 기본법 제20조 제3항과 제1조 제3항의 국가권력의 법과 헌법에의 기속, 이곳에서는 부가적으로 기본법 제97조 제1항에 의하여 사법의 특별한 기속은 예컨대 형법과 같은 개별 법영역에 제한되지 않는다. 사법은 형법에서와 마찬가지로 또한 민법과 공법에서도 법과 헌법 및 법률에 기속된다.

민법은 독일공화국 기본법 시행 이전에 이미 법관법적으로 청구권을 고안해내는 중요한 전통을 확립하였다. 1902년의 판결에서 제국재판소 민사합의2부는 "계약관계를 근거로" 한 변화 외에 계약의무를

---

38) 예컨대 *Bruns*, Richterliche Rechtsfortbildung oder unzulässige Gesetzesänderung der Strafdrohung für Mord?, JR 1981, 358ff.("법원에 권한이 없는 규범정립", "자유로운 법창조", "허용되지 않는 법률개정"); *Spendel*, "Heimtücke" und gesetzliche Strafe bei Mord, JR 1983, 269ff.(연방대법원은 이곳에서 "**객관적으로** 법왜곡의 구성요건을" 실현한 것이다); *Köhler*, Zur Strafbarkeit des Mordes bei "außergewöhnlichen Umständen", JuS 1984, 762ff.(연방대법원은 "법을 초월하는 법관의 정립이라는 독립적, 부수적 행위를" 집행한 것이다).

39) BGHSt 30, 105ff., 논거와 함께 121. 그러나 이곳에서 원초적이고 "의도와는 다른 법률의 불완전성"이 존재해야 하는 것은 아니나, 아마도 "법질서의 변화를 이유로 그러한 불완전성을 똑같이 고려할 규정흠결"이 존재하기는 하여야 할 것이다.

침해한 데 대해서 책임이 있는 매도인에게 손해배상청구권을 인정함으로써 민법의 해당 규정 외에 추가적인 유사-규범텍스트를 정립하였다. 제국재판소에 따르면 "이러한 것은 민법 제276조로부터 나오는 결론이다."[40] 동 합의부는 현행법 밖에서 논증하고 있지만 그러나 자신을 법정책적으로 정당화하려는 시도를 하여 그와 동시에 민법 제276조를 다음과 같이 애매한 "원칙"으로 약화시켰다. "사람들이 이러한 결론을 인정하려고 하지 않는다면 일반적 원칙을 나타내고 있는 제276조는 의미를 현저히 상실하게 될 것이며, 이는 법률이 의도한 것으로 받아들일 수 없다."

이미 이러한 계열의 판례의 다음 결정, 1902년 말의 판결에서[41] 민사합의2부는 현재의 의무를 침해한 데 대해서 책임이 있다면 그것은 "민법전에서 그리고 특히 제276조에서 명시적으로 규정하지 않은" 손해배상의무의 근거가 된다는 데까지 일반적 법원칙을 확대하고 있다. 이러한 법률텍스트에 흠결되어 있는 "일반적 법원칙"은 그러나 "제276조의 결과"라는 것이 제국재판소의 견해이며, 그렇게 하기 위해서 판결을 내리는 합의부는 현행법에 흠결되어 있는 문언을 자신이 법관법적으로 도입한 사이비-규범텍스트로 대체하고 있다. 아래에서는 민법 제276조의 해석으로서 동 판결의 더 이상의 해석론적 근거제시를 살펴볼 것이다. 문제가 되는 것은 실은 법관법적으로 정립된 사이비-규범텍스트의 해석이다. 그 후의 판결에서도 제국재판소는 자신이 고안한 청구권은 "본질적으로는 민법 제276조에 표현된 다음과 같은 원칙, 즉 채무자는 다른 규정이 없으므로 고의와 과실을 주장하여야 한다는 원칙에" 기초한다는 입장을 고수하였다.[42]

---

40) RGZ 52, 18ff., 19.

41) RGZ 53, 200ff. 본문에서 따르고 있는 것은 동 201, 202.

42) Urteils des Zweiten Zivilsenats von 1907, RGZ 66, 289ff., 291.

1902년에만 해도 "일반적 원칙"으로 상대적으로 불확실하게 불리어지던 것은 1922년에는 제국재판소 민사합의5부에 의하여[43] 이미 "전체 법학과 판결에서 인정된" "일반적 법원칙"으로 표현되고 있다. 어느 법률규정으로부터 이 법원칙을 끌어낼 것인가에 대해서는 논쟁이 있었을 뿐이었다. 차제에 제국재판소는 확립된 판결에서 "그 법원칙은 직접 제276조로부터 결론된다"는 견해를 주장하였다. 이 규정에서는 "달리 법률규정에 의해 채무자에게 그 어떤 책임이 부과되어 있는 한, 어떤 상황이 채무자에게 귀속되는가에 대한 원칙을 세우는 것뿐만 아니라 또한 고의나 과실로 발생한 계약의무의 침해에 대한 채무자의 책임을 선언하는 것도" (탐지된다)는 것이다. 그러므로 법관법적 사이비-규범텍스트는 원래 민법 제276조에 들어 있어서는 안 되고 아마도 민법 제276조로부터 간접적으로 결론되어야, 규범적으로는 주장된 "일반적 원칙"에 의하여 힘들게 정당화되어야 할 것이다.[44] 사이비 문언의 정립에 대한 이러한 명백한 근거제시가 자주 충분히 반복되었다면 공공연하게 거리낌 없이 강조점은 제국재판소가 희망하는 법규범과 결정규범은 법관법적인 유사-규범텍스트의 결론이 아니라 "직접 제276조"의 결론이라는 데로 옮겨질 수 있을 것이다.[45] 전략적인 정당화시도를 이렇게 단념하면서 동일한 결정에서 '부수적 의견'(obiter dictum)은 "그밖에도" "모든 경우에 충분한 실정법률적 기초가 없다 하더라도" 신의성실의 원칙은 계약의무위반에 책임이 있는 경우 채무자는 채권자에게 손해배상책임을 진다는 법원칙에 "명시적인 언급이 없다 하더라도 법률내용으로서 인식할 수 있게 하는" 실정법률적 기초를 제공한다고 한다.[46]

---

43) RGZ 106, 22ff., 25와 26.
44) RGZ 52, 18ff., 19; 53, 200ff., 201; 66, 289ff., 291.
45) RGZ 106, 22ff., 25.

기본법이 발효되고 난 후 연방대법원은 이러한 법관법적 전통을 제국재판소로부터 물려받은 불명료성을 가진 이른바 적극적 계약위반 또는 채권침해로 계속하였다. "정당한 견해에 따르면 제276조는 책임을 평가하는 기준만을 내용으로 할 뿐 법률효과를 언급하고 있지 않기 때문에" 제국재판소가 확립된 판례에서 주장한 제276조로부터 직접 연역은 그와 동시에 견지될 수 없는 것으로 결말이 났다.47) 그에 반하여 우선, 연방대법원은 "명시적인 언급이 없다 하더라도 법률내용으로서 간주할 수 있는" 이 "원칙"을 일반적으로 인정할 것을 원용하고 있다. 더 나아가서 제멋대로 판단하여 "최소한" 유책한 불능과 지체의 결과에 관한 규정들(민법 제280조, 제286조, 제325조, 제326조)에 대한 유추해석을 제안하고 있다. 중점을 전위(轉位)시키거나 논거의 실마리를 바꾸는 경솔성은 법관법적 명제들은 '보통의' 판결행위와 같이 반드시 현행법을 명시(明示)할 필요는 없다는 최고심 판결의 자기확신을 암시한다. 그와 비교할 수 있는 자율감정은 이미 그러한 의무들을 도출하려는 더 이상의 시도 없이, 주어진 규범텍스트를 해석하는 형식적 행위도 없이 "계약유사적 성격"을 가진 "당사자들 사이의 매매계약을 준비하는 법률관계"를 삽입함으로써, 즉 유사규범텍스트를 정립함으로써 손쉽게 주의의무, "법률행위의무"를 정당화한 '계약체결상의 과실'(culpa in contrahendo)48)이라는 법관법적 제도에 대한 판결실무의 시작에서 나타났다.

민법에서 법관법적 전통의 다른 경우들도 비슷한 전략에 따라 다루어졌다. 예컨대 연방대법원은 민법 제836조를 "일반적 거래안전의무 원칙의 표현"으로 그리고 동시에 "일반적 법이념"으로 고양시키고

---

46) RGZ 106, 22ff., 26.
47) 1953년의 제1 민사합의부의 판결, BGHZ 11, 80ff., 83.
48) 1911년 제6 민사합의부의 판결 이래, RGZ 78, 239ff.

있고, 따라서 "모든 사람은, 타인의 이해관계를 정당하게 보호하여야 하는 한, 자신의 물건에 의하여 발생한 손해에 대하여 책임을 져야 한다."[49]

동 합의부는 더 이상 현행법의 문언에 구속되지 않는, 그 "일반성"과 "인정받음"에 의하여 분명하게 현행법보다 고양되고 현행법을 능가하는 이러한 "원칙들"이 관습법적 성격의 것이어야 하는지 아니면 법관법적 성격의 것이어야 하는지 여부를 한 번도 명백히 하고 있지 않다. 어쨌든 민주주의와 법치국가의 기속을 받는 결정을 위한 출발점에 상응하는 **규범텍스트**, 즉 공식적인 입법절차에서 권위 있게 결정된 문언은 **존재하지 않는다.** 이제 비로소 자유롭게 도입된 사이비-규범텍스트는 동 합의부에 의하여 즉시 다시금 변형되어 여전히 더 유연성 있는 이러한 형식에서 저항을 할 수도 없게 (유사)하위-규범텍스트에 편입됨으로써 "정당한 고려", 개별사건에서 "이해관계의 형량", 물적 손해 또는 "생명이나 신체에 대한 침해"에 확대된다. 동 합의부의 설명에 따르더라도 구성요건으로부터 판단하건데 이곳에서는 민법 제836조가 해당되므로 그리고 더 나아가서 민법 제836조는 특별법을 의미하므로 이러한 조작은 위법이다. 항상 사람들이 법관의 보각(寶角)으로부터 끌어낸 "법원리"나 "법이념"을 어떻게 판단하든 그것들은 바로 민법전에서 **제836조의 형태로** "표현되고 있고", 바로 앞의 사건을 위하여 민법전의 이러한 해당 규범텍스트에서 "표현"되고 있다. 어쨌든 어떤 종류의 규정흠결도 존재하지 않는다. 법관이 마술을 부려 추가적인 규범텍스트를 이쪽으로 가져오는 것은 분명히 결정을 구속하는 최초의 자료들을 용이하게 취급할 수 있게 하는 의미를 가진다. 자기 스스로가 만든 규범텍스트는 납득할 수 있는 이유

---

49) 1972년 제6 민사합의부의 판결(Marinedamm-Fall), BGHZ 58, 149ff. — 이 판결의 분석은 F. *Müller*, Juristische Methodik, 2. Aufl. 1976, 249ff., 251ff.

에서 법관의 수중에 놓여 있는 밀랍(蜜蠟)이다.

확산되어 있는 견해에 따르면 **행정법**에서 행정법의 원칙들, 이른바 행정법의 일반원칙들은 법관법에서 유래한다. 예컨대 행정절차법 발효 이전에 인정된 수익적 행정행위의 철회에 대한 세분화된 판결, 더 나아가서 재량행사에 대한, 주관적 공권의 제 조건에 대한, 결과제거 청구권에 대한,50) 신의성실에 따른 행동 또는 권리남용금지에 대한51) 제 원칙들이 그러하다. 그러나 법관법에서 유래하는 행정법의 일반원칙들이 어느 정도까지 독자적인 법원으로 정당화될 수 있을지는 의심스러운 상태로 남아 있었다. 그렇기 때문에 가능하면 그러한 원칙들을 기본법으로부터 도출된 것으로 또는 그렇지 않으면 연방(헌법) 규범들을 구체화한 것으로 부르려는 점증적인 경향은 법정책적으로 납득할 수 있는 것이다.

헌법에서 판례는 특히 **민법에서의 법관법**을 이유로 이 문제를 다루어야 했다. 이는 일차적으로 이른바 일반적 인격권이 심각하게 침해된 경우에 비물질적 손해에 대하여도 금전배상을 인정하여야 하는가라는 실무와 관계가 있다. 1954년 이후52) 연방대법원은 기본법 제1조와 제2조를 지적하면서 일반적 인격권의 성립을 주장하였다. '아마추어 경마기수(자신이 소유하고 있는 말을 타고 출전하는 — 역자) 사건'(Herrenreiter-Fall)과 '인삼근(人蔘根) 사건'53)에 대한 결정들을 통해서 언급된 헌법조문을 기본법에 규정된 것과는 달리 적용하려고 노력하는 판례가 굳어졌다. 오히려 그러한 결정들은 이 기본권들을 그것들이 확실히 제공하지 않

---

50) 그에 대하여는 예컨대 BVerwG, Urteil von 1971, DÖV 1971, 857ff.: Bachof, 같은 곳, 859ff.의 평석과 함께.

51) 그에 대하여는 예컨대 BVerwGE 55, 337ff., 339.

52) BGHZ 13, 334ff., 337f.

53) BGHZ 26, 349ff.,; BGHZ 35, 364ff.

는 그 어떤 것으로, 즉 액수를 추정할 수 있는 민법상의 청구권규범으로 재해석하였다. 그와는 달리 "인격보호에 대한 제국재판소의 판례는 … 최후까지 민법전의 성문화된 권리를 통하여 추론된 한계를 고수"하였다.[54] 왜냐하면 민법전의 손해배상청구권에서 원상회복의 원칙은 제249조에 따르더라도 비재산적, 비물질적 손해에는 적용되지 않기 때문이다. 그러한 손해가 종전 상태를 원상회복함으로써 배상될 수 없거나 불충분하게만 배상될 수 있는 경우에만 손해를 입은 자는 민법 제251조 제1항에 따라 금전배상을 요구할 수 있다. 그렇지만 비물질적 손해에 대해서는 민법 제253조가 특별규정으로서 이러한 가능성을 다음과 같이 분명하게 제한하고 있다. 즉 그러므로 금전배상은 "이 법에 규정된 경우에만 청구될" 수 있다. 입법부에 의하여 작성된 규범텍스트에 의하여 명시적으로 표현된 그러한 특별구성요건을 제공하는 것은 민법 제847조에 따른 배상금, 더 나아가서 민법 제1300조 그리고 민법 이외에는 항공법 제53조 제3항 제1문, 경쟁제한법 제27조, 제35조 제1항 제2문 및 저작권법 제97조 제2항이다. 아무튼 민법적인 청구권의 기초를 제시하지 않는 기본법 제1조와 제2조는 민법전의 의미에서 "법률규정"이 아니다. 해석에 의하든 근거 있는 유추에 의하든 민법 제847조는 청구권의 기초로 인용될 수 없다. 그리고 민법 제253조는 종결적 규정으로 이해되어야 한다. 이로써 심지어는 법관법학설의 추종자의 경우에도[55] 이른바 법관법에 의한 법계속형성의 조건은 결여되어 있다. 민법상의 인격보호는 그러한 법계

---

54) 1973년의 '소라야 결정'(Soraya-Beschluß)에서 연방헌법재판소의 제1합의부의 표현이 그러하다, BVerfGE 34, 269ff., 271. — 제국재판소의 판례에 대해서는 예컨대 RGZ 113, 413 참조.

55) 논평적이고 정당한 비판은 *Larenz*, Verhandlungen des 42. DJT. Bd. II91959), Teil D, 34, 36과 동인, Methodenlehre der Rechtswissenschaft, 2. Aufl. 1969, 402 에 있다.

속형성이 없다 하다라도 흠결이 없는 것으로 남게 되리라는 논거는 실정법에서 기인하는 것이 아니다. 그것은 법정책적으로 그리고 법률의 구속을 받는 사법부가 아닌 입법자에 의하여 충족되어야 한다.

헌법적 비판은 이러한 민법적 비판에 첨가된다. 민법적인 청구권사고와 구별되는 기본권의 기능을 전적으로 도외시한다면, 기본법 제1조와 제2조를 원용하는 것은 오도하는 것이다. 왜냐하면 그러한 원용에 의해서 명백한 성문법위반을 외관상 더 고차적으로, 즉 헌법적으로 정당화할 지도 모르기 때문이다. 그러나 이러한 정당성은 개별 기본권조항들에 의해서 뿐만 아니라 또한 마찬가지로 권력분립규범, 권한규범 그리고 기속규범에 의해서도 근거가 밝혀진다. 사법도 '역시' (tel quel) 기본법에 기속되는 것이지, 헌법의 그 밖의 규범들에 위반하여 개별규정들을 목표지향적으로 고립시켜 가려낼 수 있는 필요에 따라 조각낼 수 있는 헌법에 기속되는 것은 아니다. 연방대법원이 민법 제253조를, 그 조항이 인격권의 침해에 대한 비물질적 손해배상을 금지하고 있는 한, 기본법 제1조와 제2조에 위반하여 위헌이라고 간주했다면, 연방대법원은 독자적인 기각권한을 가지고 있지 않기 때문에 기본법 제100조 제1항에 따라 그 문제를 연방헌법재판소에 제청했어야 할 것이다. 그러나 법관법적 정립은, 그것이 민법 제847조에 대한 유추로써 정당화되는 한, "전문가들의 조소를 불러일으켰을"[56] 뿐이다.

적극적 채권침해에 대한 법관법적 유사-규범텍스트와 비슷하게 일반적 인격권에 대한 판결의 사이비-규범텍스트도 그 구성요건측면에

---

56) J. *Ipsen*, Verfassungsrechtliche Schranken des Richterrechts, DVBl. 1984, 1102ff., 1104. 이 판결의 문제점에 대한 상세한 설명은 *Göldner*, Verfassungsprinzip und Privatrechtsnorm in der verfassungskonformen Auslegung und Rechtsfortbildung, 1969.

서 일반조항과 비슷하게 개별사건과 관련된다. "사정이, 특히 침해나 책임의 중대성이 그러한 배상을 요구하는 경우 자신의 인격권을 위법하고 유책하게 침해받은 당사자는 비물질적 손해의 배상을 청구할 수 있다."[57] '인삼근 사건'은 '아마추어 승마기수전통'에서의 상응하는 결정들과 "그 원칙적인 경향이 매우 비슷하다." 연방대법원은 이러한 자신의 판단을 "비물질적 손해배상"의 인정은, 즉 비물질적 손해에 대한 매우 물질적인 배상은 "법질서가 자신의 인격을 침해당한 원고에게 보장하여야 하는"[58] 적당한 배상이라는 견해와 결합시킨다. 그와 동시에 "바로 그" 법질서가 보장하여야 하는 것은 민법상의 청구권의 기초가 아니라 **실정민법**이라는 점이 오인되었다. 그러나 실정민법은 민법 제253조 내의 제한을 통하여 그리고 '아마추어 승마기수사건'이나 '인삼근 사건'과 같은 사건을 위하여 소위 필수적인 규범텍스트를 예컨대 우연히 준비하고 있는 것이 아니라 어쨌든 그러한 규범텍스트를 잠정적으로 규정하고 있는 그에 상응하는 특별구성요건을 근거로 민법전의 형태를 취하고 있다. 논거의 언어적 표현을 익명화함으로써 ("법질서는 … 을 보장하여야 한다") 민법적인 법률문제가 위치하는 규범적 틀이, 즉 헌법의 권력분립질서 하의 권한질서가 의당 불명확하게 되어야 한다. 동일한 전술적 노선에서 연방대법원 민사합의6부는 '인삼근 판결'에서 그렇지 않을 경우 "민법(!)은 기본법의 가치결정을 존중하지 않는 것"이라고 이야기한다.[59] 규범텍스트의 정립자는 특정양식의 사건들에서는 비물질적 손해를 입은 자에게 금전배상청구권을 "보장하여야" 하고, 권한질서에 따라 민법의 법률텍스트를 제정할 권한이 있는 국가기관은 이곳에서 법정책적으로 희망

---

57) '인삼근 사건'에서 연방대법원의 입장이 그러하다, BGHZ 35, 353(결정요지).
58) BGHZ 35, 363ff., 366.
59) 상게 결정, 368; 원문에는 감탄부호가 없다.

되는 방식으로 기본법을 "존중하여야" 한다. 지금까지처럼 불확실한 사건에 대해서 사법부가 '장래의 법의 관점'(de lege ferenda)에서 보아 정당하다고 간주하는 것을 국가기관의 활동이 밝히지 않는다면 판결을 내리는 합의부가 "법질서"인 체하는 또는 "민법"인 체하는 것에 대한 법적 정당화는 성립하지 않는다. 이미 제국재판소는 적극적 채권침해에 대한 자신의 판결실무에서 민법 제276조를 비슷하게, 비록 자제하는 형식을 취하긴 하였지만, "일반적 원칙" 또는 "일반적 법이념"으로 익명화시켰다.

출판사가 헌법소원에 의하여 비물질적 손해에 대한 금전배상을 하는 민사법원의 판결이 기본법에 합치되는가라는 문제를 제기함에 따라 연방헌법재판소는 1973년에 법관법의 허용에 대한 문제를 다루지 않을 수 없었다. 연방헌법재판소가 "끊임없이 인정해온" "창조적 법발견"을 수단으로 한 이른바 흠결보충은 많은 조소를 받은 '소라야 결정'에서[60] 강한 어조로 "국가권력의 실정 규정들"에 비하여 "법에 더 가까운 것"으로 그리고 "성문법률에 대한 정정(訂正)으로 작용할 수 있는" "의미전체로서" 합헌적 "법질서"에 의하여 확인된다. 법관의 결정은 법질서의 "실천이성의 제 척도에 따라" "성문화된 법률의 텍스트에서 표현되지 않았거나 불충분하게만 표현된" 소위 내재적 가치관들을 "실현하여야" 한다. 기본법에 규정된 규범통제절차를 무시하고 — 민사법원은 기본법 제100조 제1항에 따라 제청할 수 있었을 텐데 — 연방헌법재판소는 법률을 수정하는 법관법의 실무를 칭송하였다.[61]

말로는 권력분리와 함께 법치국가적 본질적 구성부분으로서 법률

---

60) BVerfGE 34, 269ff., 특히 286ff.
61) 그에 대하여 자세하고 비판적인 것은 J. Ipsen, Richterrecht und Verfassung, 1975, 155ff., 235f.

에 대한 법관의 기속이 연방헌법재판소의 논증의 출발점이자 핵심을 형성한다. 물론 제1원은 기본법에 의하여 사법권의 법률에 대한 구속을 문제되는 곳에서, 즉 사법권의 규범적 완성에서 날조하였다. 제1원은 사법권의 법률에 대한 기속을 기본법 제20조 제3항에만 위치시키고 "사법은 법률과 법"에 기속된다는 동 조항의 표현을 논증의 기초로 삼았다. 이러한 목적을 위하여 이 표현은 이 표현으로써 "일반적 견해에 따라 엄격한 법률실증주의가 거부"된 것으로까지 재해석된다. "성문법률 전체"는 항상 "법"과 일치하여야 하는 것은 아니다. 이러한 말로써 생각되는 바가 **관습법**인 한 그것은 정당하며 거의 이론이 없다. 물론 기본법의 법치국가에서 불문법은 성문법에 대해서 보충적으로 성립되지 성문법의 명백한 원칙에 반하여 성립될 수는 없다. 관습법은 서열이 더 높거나 서열이 같은 성문법과 모순되어서는 안 된다.62) 이곳에서는 바로 이 원칙이 문제되고 있고, 정확하게 이 원칙이 연방헌법재판소에 의하여 배제되고 있으며, (칼 슈미트식의 — 역자) 결정주의(결단론)의 침묵에 의하여 무시되고 있다.63)

'소라야 결정'의 결과를 내용적으로 주장할 수 있고 법정책적으로

---

62) 예컨대 *Hesse*, Grundzüge des Verfassungsrechts der Bundesrepublik Deutschland, 15. Aufl. 1985, 14, 124, 145, 195f.

63) '소라야 결정'에 대한 자세한 비판은 *F. Müller*, Die Einheit der Verfassung, 1979, 예컨대 43ff. 비판과 거부는 더 나아가서 동인, Juristische Methodik, 2. Aufl. 1976, 76; *Ch.-F. Menger*, VerwArch. 65(1974), 195; *Knieper*, ZRP 1974, 137; *Hesse*, Grundzüge des Verfassungsrechts der Bundesrepublik Deutschland, 15. Aufl. 1985, 76; *J. Ipsen*, Richterrecht und Verfassung, 1978, 100ff., 235ff.; *Krey*, JZ 1978, 465; *Larenz*, AfP 1973, 456; *Merten*, DVVl. 1975, 678; *Prümm*, Verfassung und Methodik, 1976, 208; *Ridder*, AfP 1973, 456; *H.-P. Schneider*, DÖV 1975, 445, 449, 451; *Schwabe*, DVBl. 1973, 790; *Starck*, Staatsbürger und Gericht, 1975, 52ff., 54; *Steinwedel*, "Spezifisches Verfassungsrecht" und "einfaches Recht", 1976, 108ff., 121ff.; *Wank*, Grenzen richterlicher Rechtsfortbildung, 1978, 83ff.

시대에 부응하는 것으로 간주하는 자는 그것을 아마도 정확하게 민법 제253를 — 물론 설득력 있는 근거를 필요로 하는 — 기본법 제1조 제1항과 부분적으로는 제2조 제2항 위반을 이유로 위헌선언하거나 또는 제 편에서 신중하게 검토되고 입증되어야 하는 가능한 규범의 변화를 증명했어야 할 것이다.64) 그럴 경우 그러한 일은 그 결과가 방법적으로 합리적이고 법치국가적으로 주장할 수 있게 도달되었는지 여부를 개별적으로 보일 수 있었을 것이다. 연방헌법재판소는 자신의 역사적으로 공허한 정식으로 이러한 수고를 아끼기만 한 것은 아니다. 또한 연방헌법재판소는 이 사건에서 자기 자신이 헌법에 기속됨을 진지하게 고려하여야 한다는 점도 도외시하였다.

이러한 '절대권력'(legibus solutus)의 관점에 "창조적으로" 도달하기 위해서 제1원은 '소라야 결정'에서 우선 기본법 제20조 제3항의 "법률과 법"이라는 정식을 방법론적인 진술로 새롭게 해석하였다. 그러나 그러한 진술은 기속규범에 속하고 그리고 그럼으로써 기본법에 의하여 승인된 법원(法源), 즉 성문법과 관습법에 대한 간접적인 규범적 진술에 속한다. 기본법 제20조 제3항은 집행권과 사법권이 어떤 종류의 법원(法源)에 기속되는지를 이야기한다. 그밖에도 관습법은 현행법의 규범텍스트의 문언과 체계에 **반하여** 구속력을 가질 수 **없다.** 그러나 '소라야 결정'은 방향전환을, 그리고 그것도 법관법을 위하여, 하였다. 더 나아가서 "법률에 대한 법관의 전통적 기속"65)을 전적으로 기본법 제20조 제3항의 문제로서만 설명하는 것도 정확한 것은 아니다. 오히려 기본법 제97조 제1항에 따르면 법관은 "법률에만 기속된다." '소라야 판결'의 결정이유에 따르면 의당 **"법률과 법"**이라는

---

64) 규범변화의 문제에 대하여 원칙적인 것은 *F. Müller*, Strukturierende Rechtslehre, 1984, 예컨대 117ff., 131ff., 363ff., 369ff.

65) BVerfGE 34, 269ff., 286.

문언이 중요해야 하기 때문에 결정에서 기본법 제97조 제1항을 페이드아웃시키는 것은 위조에 가깝다. **최소한 또한** 해당되는, 그러나 이곳에서 특별한 유일하게 적절한 기본법 제97조 제1항의 규범을 헌법의 수호자는 언급할 가치가 있다고 간주하지 않는다. 이로써 동 재판소는 자신의 논증으로부터 그렇지 않으면 아마도 주장할 내적 정당성에 대한 기회를 취한다. 제1원이 법률문제의 검토에 착수하기 전에 동 합의부가 연방대법원의 일에 간섭하여 법적 시대정신에 의하여 널리 인정된 실무를 문제 삼지 않기로 하는 선까지 선결정을 내렸다는 것은 분명한 주지의 사실이다. 그렇게 행동하는 자는 사건에 대한 가능한 그리고 직무상의 의무로서 그에게 부과된 거리를 포기하고, 그의 편견의 형태로 표현하며, 그의 소위 권위를 끌어들인다. 그는 무슨 일이 있더라도 자신의 감정으로 파악한, 권위적으로 선취된 결정규범을 정당화하려고 시도함으로써 자기 자신을 방어한다. 그와 동시에 방법론과 법치국가는 정체되어 전진하지 못하고 암시적이고 권위적인 논거가 방향을 정하게 될 것이다.

몇 년 후 소라야 *Soraya* 왕비의 명예를 보호하는 좀 더 용이한 과제가 문제되었을 때, 연방헌법재판소는 법관법적으로 정립된 민법규범이라는 문제에 대한 '소라야 결정'과는 "전혀 상반되게"[66] 매우 소극적인 태도를 취하였다.[67] 동 재판소는 법관법에 대한 일반적인 의견을 표명할 것과 법관의 법률에의 기속이라는 헌법규범은 법계속형성에 대한 시도에 대하여 어떤 한계를 제시하는가를 심사할 것을 거부하였다. 이제 신중한 태도는 추정된 헌법위반에 대한 주된 근거 제시가 입법자에 대한 관계에서 허용되지 않는 법관의 법계속형성인

---

66) *Wank*, Die verfassungsrechtliche Kontrolle der Gesetzesauslegung und Rechtsfortbildung durch die Fachgerichte, JuS 1980, 545와 그 이하.

67) BVerfGE 49, 304ff. (Weigand), 318.

지 아니면 민법 제823조 제1항의 잘못된 해석인지가 더 이상 분명하지 않다는 데까지 이어진다.[68]

사회적 몰락[69]은 계속되었다. "법관법"이라는 주제 때문에 1983년 연방헌법재판소는 '소라야 결정'이 있고 나서 10년이 지난 후에 해고당한 사회정책상의 노동자의 보상청구권을 파산법적으로 분류하는 문제와 씨름하지 않으면 안 되었다.[70] 연방노동법원 합의5부는 동 대합의부에서[71] 사회정책상의 보상청구권이 파산법 제59조 이하에 분류될 수 있는지 여부와 그 보상청구권이 파산법 제61조 제1항 제1호에 따른 우선적 파산청구권인지 여부를 판결하였다. 이와 관련하여 동 합의5부는 그 문제를 "사회정책상의 청구권을 언급하고 있지 않은 파산법은 법관법적 법계속형성의 방법으로 종결할 수 있을지도 모를 흠결을 포함하는지 여부"의 문제로 표현하였다.

제청결정을 근거로 연방노동법원 대합의부는[72] 두 문제를 긍정함과 동시에 직장상실에 대한 보상을 청구할 사회정책상의 청구권에 대하여 "그것이 개별 노동자에게는 매우 중요한 의미를 가진다는 이유로"[73] 파산법 제61조 제1항 제1호에 우선하는 서열을 인정하였다. 그와 동시에 연방노동법원은 법규범을 정립하고 있는바, 기업조직법 제111조 내지 제113조는 경영자의 파산에도 적용되며, 직장상실을 이유로 한 사회정책상의 보상청구권은 파산법 제61조의 의미에서 특권

---

68) 그에 대하여는 Starck, JZ 1979, 64; Wank, 전게서.

69) BVerfGE 49, 304ff.에 있는 사건에서는 논란이 분분한 '사회변호사'(Sozialanwalt; 사회 보장법상의 사회급부를 요구하는 — 역자)가 문제되었다.

70) 1983. 10. 19. 합의2부의 결정, BVerfGE 65, 182ff.

71) 제청결정은 BAGE 29, 188ff., 특히 195에 있다. 노동쟁의법에서 법관법에 대한 결정으로는 예컨대 BAGE 33, 140ff. 참조.

72) BAGE 31, 176ff. 1978. 12. 13. 결정.

73) 같은 곳, 208.

적인 파산청구권이자 파산법 제61조 제1항 제1호에 우선하는 서열을 가진다[74]는 것이 그것이다. 제청절차가 진행되는 과정에서 결정규범은 조회하는 합의부에 대한 답변에 그리고 주어진 법률상담을 근거로 문제되는 절차를 속행하라는 답변에 포함된 지시에 포함되어 있다.

연방대법원의 지속적인 법관법적 판결과 연방헌법재판소의 '소라야 결정'의 방법적 그리고 해석론적 노선을 근거로 연방노동법원 대합의부는 보상청구권을 파산법에 분류하는 데는 "파산법의 제 규정만이 결정적이지만" 그러나 1972년의 기업조직법은 "파산법의 기존체계에 어울리지 않는" 청구권을 만들어내었다고 간주한다. 그러한 한에서 "노동법에서의 새로운 법발전에 의하여" 보완되어야 할 "파산법의 규정흠결"이 성립하였으며, 그를 보완하는 것이 "노동법 관련 소송사건을 담당하는 법원 그리고 특히 연방노동법원 대합의부의 정당한 과제"라고 하였다. 비슷하게 연방대법원은 '아마추어 승마기수 전통'에서 법의 변화로 성립된 사후적 규정흠결에 대하여 언급하였고 이러한 흠결을 자신의 법관법적 논증의 기초로 삼았다. 똑같은 의미에서 연방헌법재판소는[75] "법률규범의 해석은 항상 지속적으로 그 성립시에 부여된 의미에 머물러 있을 수 없다"고 판결하였다. "법률규범이 적용시점에서 어떤 합리적인 기능을 하는가가 고려의 대상이 되어야" 한다는 것이다. 그러나 연방대법원이 단지 변화된 견해와 관계만을 원용할 수 있었고, 연방헌법재판소가 연방대법원을 승계하여 "서구 세계의 다른 나라들에서의 법발전"과 "변화된 법의식과 새 헌법의 가치관의 영향",[76] 즉 현행법에서 직접적으로 규범적으로 표현하고 있

---

74) 이에 대해서는 그리고 그 밖의 것은 BAGE 34, 269ff.에 있는 결정요지 참조. 더 나아가서 같은 곳, 182, 193, 207f. 원문에서 따르고 있는 인용은 같은 곳, 193, 194.

75) '소라야 결정', BVerfGE 34, 269ff., 288.

지는 않은 공허한 단위를 원용할 수 있었던 반면, 연방노동법원은 항상 입법부가 파산법에서 반드시 조정해야 할 것을 하지 않은 특정의 법률을 근거로 삼고 있다. 그러므로 — 설령 사람들이 흠결학설을 추종하고자 한다 하더라도 — 인격권에 대한 민사판결에서 "규정흠결"로 묘사된 현상보다 훨씬 더 훌륭하게 주장될 수 있는 상황과 마주치게 된다.[77]

연방헌법재판소 제2원은 '사회정책 결정'에서 규범텍스트 없이 이처럼 법규범과 결정규범을 정립하는 것을, "법관법에 의하여" 사회정책상의 보상을 파산청구권으로 분류하는 것을 기본법 제20조 제3항을 위반하여 "헌법에 합치하지 않는다"고 판단하였다. "법률상의 규정흠결"은 존재하지 않는다.[78] 이 결정의 결론은 정당하며, 이 결정에 의하여 연방헌법재판소의 판결에서 시작된 법관법의 문제를 두 가지 척도로 측정하는 것은 터무니없는 것이다. 제2원의 견해에 따르면 소위 원칙적으로 허용되는 법관법의 "한계"가 "본 사건에서는 … 분명히 유월되었다." 파산특권의 규정은 파산법 제61조에 의하여 "문언, 체계 및 의미적으로 종결적"인 것이다. 법관으로 하여금 "이러한 완결된 체계 밖에서" 법관법적으로 작업할 것을 허용할 수도 있는 "법률상의 규정흠결"은 존재하지 않는다. 청구권을 파산법 제61조의 체계에 편입하기 위해서는 "커다란 주의"가 요구된다.[79] 그러나 동 재판소는 '소라야 판결'에서 주의를 조금밖에 하지 않았다. 그곳에서는 비물질적 손해를 금전으로 배상하는 문제에 대하여 문언, 체계 및 의

---

76) BVerfGE 34, 269ff., 289, 290.

77) 그와 동시에 그로부터 결과되는 법정책적 문제들과 "성립된 부정의"가 연방노동법원에 의하여 언급되고 있고, 그 해결은 "입법자에게 유보되어 있다"고 표현되고 있다. BAGE 31, 176ff., 206ff., 209.

78) BVerfGE 65, 182ff.

79) BVerfGE 65, 182ff., 191f. 원문에서 따르고 있는 인용은 같은 곳, 192, 193f.

미적으로 종결적인 민법의 규정이 있었을 뿐만 아니라 또한 민법 제
253조의 형태로 심지어는 (그것을 유월하는 청구권규범을 명시적으로
배제하는) 특별규정까지 있었다. 완결된 법률규정이 존재한다는 명백
한 해석결과뿐만 아니라 또한 심지어는 이 명확한 특별규범에 반해서
그곳에서 연방헌법재판소는 명백히 그러나 "법"은 "성문법률의 전체"
와도, "국가권력의 실정적 규정들"과도 일치하지 않는다고 법관법적
으로 판결하였다는 것은 주지의 사실이다.[80] '소라야 판결'의 노선을
따라 연방노동법원은 마찬가지로 그곳에서 부정된 이른바 "엄격한 법
률실증주의" 내에서 "가능한 어의(語義)의 한계 내에서 입법자의 지
시"를 고집하지 않고 "합헌적 법질서에 내재적인, 그러나 성문법률의
텍스트에서는 표현되지 않았거나 불충분하게만 표현된 가치관"을 "또
한 의도적인 요소가 없지 않은 평가적 인식행위"에서 밝히고 그 가치
관을 자신의 "결정에서 실현"[81]하려는 시도를 하였다. 연방노동법원
은 기본법상의 사회국가원리를 배경으로 하고 문헌과 판례를 상세히
논박함으로써 그렇게 하였다. '사회정책 결정'에서 제2원의 확인에 따
르면 존재하지 않는, 의당 법관법의 정립을 배제하여야 할 "법률상의
규정흠결"은 '소라야 결정'에 의하여 헌법적으로 인정된 연방대법원
의 '아마추어 승마기수 실무'에서도 마찬가지로 존재하지 않았다. 그
곳에서 민사판결은 연방헌법재판소의 일반적 법발전을 성공적으로 원
용하였다. 이곳에서 연방노동법원은 1972년의 기업조직법을 상세하게
지적하고 입법부가 사회정책상의 보상청구권에 대한 규정을 파산법과
조화시키는 것을 해태하였다는 것을 상세하게 지적하는 데 실패하였
다. '소라야 결정'과는 정반대로 이곳에서 연방헌법재판소는 기업조직
법은 파산에서 사회정책을 수립하는 문제는 물론 경우에 따라서 제기

---

80) BVerfGE 34, 269ff., 287.

81) 이 핵심적 표현은 '소라야 결정'에 있다. 같은 곳.

되는 사회정책상의 보상의 서열문제도 "명시적으로" 규율하지도 않는다는 선까지 후퇴하였다. 게다가 민사재판의 '아마추어 승마기수 전통'에서 흠결이 있는 것은 현행법의 "명시적인" 기초뿐만은 아니다. 그곳에서는 심지어 명시적인 규정(민법 제253조)에 반하여, 이는 법관법과 헌법에 의하여 인정되었는데, 사려 없이 판결이 내려졌다.

'소라야 결정'에서 합헌적 법질서의 "의미전체"의 법"원"(法源), 규범텍스트에서 표현되지 않았거나 분명히 충분하게 표현되지 않은 법체계의 "내재적 가치관"으로 북적거리던 바로 그 연방헌법재판소가 '사회정책 사건'에서는 수상스럽게도 열심히 법원에 대하여 "원칙적으로 어떤 직접적인 행위지침"을 준비하고 있지 않은 기본법상의 사회국가원리의 "광범성과 불확정성"을 주장한다. "법관의 법계속형성의 과정에서 사회국가이념으로부터는 아무것도 연역해낼 수 없기 때문에", 이는 대합의부가 사회정책상의 청구권의 파산적 지위에 대하여 상론한 바인데, 연방노동법원은 자제하라는 요구를 받았다. 연방노동법원이 감히 이러한 보상과 관련하여 그러한 보상이 "개별적 노동자에게 가지는 매우 중요한 의미"를 언급하려는 시도를 한 것은 연방헌법재판소에게는 "분명히 그것(즉 연방노동법원)이 본질적으로 사회정책적인 이유에서 파산법의 서열구조를 침해하기로 결심한 것"을 보여준다.[82] 그에 반하여 연방노동법원 판례집 제34권에서 보고된 정확한 진술, 즉 일반적 인격권에 대한 판결에서 중요한 것은 "법적 성격의 논거가 아닌 법정책적 성격의 논거"[83]라는 진술은 연방헌법재판소에게 깊은 인상을 심어주지 못하였다.

조야한 국고적(國庫的) 숙고와 병행하여 — '소라야 결정'에서 연방대법원은 "하나의 그 이상의 제재만을 … 첨가하였을 뿐이다." 그

---

82) BVerfGE 65, 182ff., 193, 194.
83) BVerfGE 34, 269ff., 276.

러나 이곳에서는 오직 하나의 채권자집단만이 우대를 받고 있다 할 것이나 그 밖의 파산채권자는 "결코 쉽게 감수할 수 없는 손해"를 부담하지 않으면 안 된다고 할 것이다 — 연방헌법재판소는 결론적으로 다음과 같은 두 가지 논거를 사용하여 '소라야 사건'에 대한 '사회정책 사건'의 결정적 차이를 구별하였다.[84] '소라야 판결'에서 연방대법원이 그랬던 것과는 달리 연방노동법원은 자신의 판결이 "일반적인 법적 확신에 의하여 지지되고 있다는 것을 원용할 수 없다" 할 것이다. 왜냐하면 그의 결정은 문헌에서 "부분적으로만" 수용되었기 때문이다. 이러한 지적을 냉소적인 것으로 인식하지 않는 자는 '소라야 결정'이 문헌에서 수용된 것에 몰두하여야 할 것이다.[85] 둘째로, 동 합의부는 "이른바 '소라야 사건'에서와는 달리" 이곳에서는 "기본법 제1조와 제2조 제1항을 주시할 때 기본법의 가치체계의 중심에 위치하는 일반적 인격권의 보호가 문제되고" 있지 않다고 한다. 그러나 이러한 일반적 인격권은 규범적으로는 기본권의 중심에 위치할 뿐만 아니라 그것도 헌법에 위치하고 있다. "…을 주시할 때"라는 표현은 이러한 사정을 소심하게 고쳐 쓰고 있는 것이다. 문제가 되고 있는 법관법적 판결의 의미에서, 즉 확정되고 숫자로 표현할 수 있는 성질을 가진 민법적 손해배상청구권에 대한 기초로서의 일반적 인격권은 사법부의 해석론적 발명이다. 그것을 기본법의 실정적 사회국가규범보다 논증에서 우선시하는 것은 연방헌법재판소가 더욱 헌법에 충성하기 위하여 멀리 하여야 할 행위이다. 또한 기본법에서 직접 규범화된 기본권들도 다른 헌법규범들보다 더 높은 서열을 가지는 것은 아니다. 이러한 이야기는 연방헌법의 사회국가에 대한 언명뿐만 아니라 또한 이러한 논증으로 페이드아웃되는 (특별히 기본법 제20조 제3항

---

84) BVerfGE 65, 182ff., 194f.
85) 앞의 각주 160 참조.

에 대한) 기본법 제97조 제1항에도 적용된다. '사회정책 결정'에 대한 이러한 종류의 근거제시를 이미 견지할 수 없는 것으로 만드는 이러한 관점들을 도외시한다면, 기본법 제2조 제1항을 "주시하면서" 논증하고 있는 것은 '엘페스 *Elfes* 판결'[86] 이후 이른바 일반적 행동의 자유를 위하여 이 인격과 관련된 기본권으로부터 그 내용을 박탈하고 공동화시킨 하필이면 바로 그 연방최고법원인 것이다. 동시에 시선을 기본법 제1조로 돌리게 되면 관계는 다음과 같이 더욱 악화된다. 즉 좋은 처지에 있는 명사들의 인간의 존엄이 손상되면 — 어쨌든 종전의 판례의 입장이 그러하다 — 이들에게는 원상회복뿐만 아니라 또한 부수적으로 금전적 손해배상도 인정될 것이다. 그에 반하여 최고 연방법관의 눈에는 그들에게 사회적 불의를 조정하기 위하여 규정된 "매우 중요한 의미를 가지는"[87] 보상청구권이 파산법을 형성함으로써 다시 박탈되는 것은 해고당한 노동자(와 그에게 경제적으로 딸려 있는 인간들)의 아마 둔감한 인간의 존엄을 침해하지 않을 것이다. 이미 **법률 앞에** "모든 인간이 … 평등"하여야 한다면(기본법 제3조 제1항), 조지 오웰 *George Orwell*의 의미에서 더욱 평등해지기 위해서 "더 많은 권리"[88]를 주어야 하는 것은 오직 법률뿐이라는 것은 주지의 사실이다.

비록 동 재판소에 의하여 제시된 것과는 다른 이유에서이긴 하지만 해석론적 결과에서 '사회정책 결정'은 적절하다. 기본법은 법관법에 의하여 사회정책상의 손실보상을 파산법 제61조 제1항 제1호에 우선하는 서열을 가진 파산청구권으로 분류하는 것을 허용하지 않는

---

86) BVerfGE 6, 32ff.
87) BAGE 31, 176ff., 208에 있는 연방노동법원 대합의부의 이러한 표현을 연방헌법재판소는 내용적으로 반박하지 않았다. BVerfGE 65, 182ff., 194 참조.
88) BVerfGE 34, 269ff., 287 — 다른, 법관법을 원칙적으로 정당화하는 맥락에서.

다는 동 결정의 결정규범은 정당하다. 그에 반하여 결정이유가 전개되면서 표현된 일반적 법규범은, 결정이유가 법관법은 기본법으로부터 허용되나 (여기서는 유월된) 한계가 있다고 이야기하는 한, 의심스럽다. 연방헌법재판소에 의하여 해결되지 않은, 그것도 충분히 토론되지 않은 문제는 법관법 일반이 기본법 제20조 제3항, 그밖에도 특별규정인 기본법 제97조 제1항 및 기본법적으로 완성된 권력분립에 합치될 수 있는가 여부이다. 그러므로 문제는 이미 — 이곳에 분명히 놓여 있는 — 법관법 자체의 정립에 의하여 기본법 하에서 법관이 해도 되는 것의 한계가 유월되었는가 여부인 것이다.

'사회정책 결정'의 정당한 결론은 '소라야 결정'의 결론과 이를 위해서 제시된 이유와 합치되지 않는다. 즉 '사회정책 결정'에서 행해진 진술에 따르면 정당하게 그리고 그것도 '아마추어 승마기수 판결'에서 행해진 민사판결보다 점진적으로 더 정당하게 행동하였다. 그에 비하면 '사회정책 사건'에서 제2원은 — '소라야 사건'에서 제1원이 한 것과는 정확하게 반대로 — 자신이 "가능한 문언의 한계 내에서 입법자의 명령을 개별사건에 적용할 지시를 받은"[89] 것으로 간주하였다. 사회정책 소송절차는 '소라야 결정'을 정정할 기회를 포착하지 않으면 안 될 것이었다. 그렇게 하는 대신 동 재판소는 양 결정의 헌법규범적 합치성을 불친절한, 속이 빤히 들여다보이는 근거제시로써 단순히 수사학적으로 그리고 권위주의적으로 주장하고 있다는 데서 그러한 추정을 할 수 있다. 제2원은 연방헌법재판소법 제16조에 따른 해명절차를 주목하지 않은 것만은 아니다. 이와 같은 이야기는 예컨대 "헌법의 통일성"[90]이라는 문제에 대한 양원의 서로 상반되는 판

---

89) 물론 기본법 하에서 사법부를 위해 이러한 생각이 거절되어야 하지만, BVerfGE 34, 269ff., 287.

90) 그에 대하여는 F. Müller, Die Einheit der Verfassung, 1979, 12ff., 80ff.

결에 대해서도 적용된다. 법관법이라는 사건에서 1973년과 1983년에 내려진 결정과 함께 연방헌법재판소의 미래를 위하여 불변의 것으로 승인된 이중전략의 양 노선 사이에는 또한 불쾌감을 유발하는 사회정 책적 격차도, 즉 맥빠진, 무명의 해고당한 노동자에 대한 힘든 시간 들과 아마추어 경마기수, 국제법 겸 교회법 학자, 이전의 황후에 대 한91) 최고법관에 의한 배상(명예회복)도 존재한다.

제3절 "법관법"이란 현상

1. 부적합한 단서들

법관법적 결정행위의 합법성과 정당성을 평가할 수 있으려면 그 전에 법관법이라는 현상이 의미하는 바를 명확히 하여야 할 것이다.

법관법적 판결실무의 연구는, 법이론적으로 설득력 있는 개념으로 표현하면, 다음과 같은 유형을 불변의 것으로 입증하고 있다. 법원은 소송사건을 결정한다. 따라서 법원은 작업과정의 진행 중에 표현된 일반적 법규범으로부터 결정규범을 연역함으로써 결정규범을 형성한 다. 그러나 비법관법적 사건과는 달리 어떠한 입법적 규범텍스트도 마음대로 사용되지 않았다. 입법적 규범텍스트를 대체하기 위하여 법 원은 법규범을 작성할 **때** 암시적으로 또는 구체화작업의 이러한 단계 이전에 명시적으로 권한을 가진 심급은 물론 자신이 결과적으로 원용 하는 유사-규범텍스트를 스스로 작성하였다.

---

91) BGHZ 26, 349ff. — BGHZ 35, 363ff. — BVerfGE 34, 269ff.의 결정들 순으로.

'정상적인 해석'을 벗어나기만 하면 그것만으로, 포섭사고와 실증주의적 삼단논법모델이 어떻든 실현될 수 없는 것으로 입증되는 곳에서만 (규범텍스트와 혼동된) 법이 '계속형성'되어야 한다고 생각하기만 하면 그것만으로 법관법을 승인하려는 몇몇 관습적인 시도는 이러한 판단으로 인해 실패한다.[92)]

---

92) 예컨대 BVerfGE 34, 269ff., 287(Soraya). 법관법은 정립되지 않고 "발견된다"는 이 결정의 진술 또한 근거가 박약하다. 더 나아가서 *Kelsen*, Reine Rechtslehre, 2. Aufl. 1960, 예컨대 247f., 250f., 255; *Theodor Geiger*, Vorstudien zu einer Soziologie des Rechts, 1964, 예컨대 174, 175, 196; *Isay*, Rechtsnorm und Entscheidung, 1929, 예컨대 20, 25; 한계에 대하여는 같은 책, 244; *Larenz*, Methodenlehre der Rechtswissenschaft, 5. Aufl. 1983, 예컨대 "법률유월적 법계속형성"에 대하여는 351, 354; 법원은 한편으로는 "법을 적용함으로써" 법을 계속형성하나, 다른 한편으로는 "고유한" 법계속형성의 경우에 법관은 "그가 법률로부터 직접(!) 추론하지 않은 규칙을 스스로 정립하고 있다는 것"을 의식하여야 한다(원문에는 감탄부호가 없다)는 ders., Richterliche Rechtsfortbildung als methodisches Problem, NJW 1965, 1ff. 참조. 더 나아가서 *Canaris*, Die Feststellung von Lücken im Gesetz, 2. Aufl. 1983, 예컨대 "허용되는 실정법 보충적(praeter legem) 법률계속형성"에 대하여는 16, 20, 30, 33; *Wank*, Grenzen richterlicher Rechtsfortbildung, 1978, 예컨대 "법률 내재적 법계속형성"에 대하여는 71; *Koch/Trapp*, Richterliche Innovation — Begriff und Begründbarkeit, in: Harenburg/Podlech/Schlink(Hrsg.), Rechtlicher Wandel durch richterliche Entscheidung, 1980, 83f. 87f., 89f., 107: "법관법적 혁신"은 논리적으로 가능한 외연적 또는 내포적 대안들 사이의 선택으로 밝혀지며, 실질적으로는 언어론적 활동의 여지를 (부분적으로) 채우는 것이다; *Koch/Rüßmann*, Juristische Begründungslehre, 1982, 예컨대 248f.; *P. Kirchhof*, Rechtsquellen und Grundgesetz, in: Bundesverfassungsgericht und Grundgesetz, Bd. 2, 1976 50ff., 99f.: "법관의 법창조는 해석할 필요가 있는 법률개념들을 완전하게 하고, 미해결상태로 남겨진 입법의 한 부분인 법률상의 일반조항을 보충하며, 법률에서 정하지 않은 규칙을 세운다"; *H.-P. Schneider*, Richterrecht, Gesetzesrecht und Verfassungsrecht, 1969, 예컨대 27: 그렇지 않으면 비생산적인 법률과 판결을 비생산적으로 구분하는 일이 재발하기 때문에 법률에의 근접성이 법관법을 규정하는 데 판단기준이 되어서는 안 된다 할 것이다. 법관의 법형성과 법창조 사이에 합리적인 경계를 설정하는 것은 원칙적으로 불가능하다 할 것이다; *Starck*, Die Bindung des Richters an Gesetz und Verfassung, VVDStRL 34(1975),

법관법의 "사실상의 효력"과 "진정한 법원성(法源性)"을 구별하고 그렇게 함으로써 법관법을 충분히 표현하려는 가끔 만날 수 있는 시도도 마찬가지로 실패한다. "우리가 도대체 법관법을 '법'으로 다루어야 하는가 여부가 해명되지 않으면"93) 법관법의 문제는 토론될 수 없다. "사법부는 자신의 권한을 근거로 자기 자신의 결정의 기초를 형성할 수 있고 그리고 그럼으로써 현실적인 법적 상황을 규정한다"는 것만이 문제되는 것은 아니다. 결정은 "가정적으로 미래를 기속하는가 또는 기속하지 않는가 여부"는 "중요하지 않은 문제"가 아니다. 결정의 공식적인 비기속력, 결정의 이른바 '그저 사실상의' 효력만을 승인하는 경우에도 법관은 결코 그가 방법적으로 더 이상 현행법의 규범텍스트에서 입증할 수 없는 법규범을 발전시키고 결정규범을 정립해서는 안 된다. 왜냐하면 현행법은 항상 지금 이곳에서, 즉 그때마다 **현재의 이 사건에 대하여** "적용되기" 때문이다. 사람들이 비록 현행법을 준수하지 않는다 하더라도 사람들이 단순히 그렇게 주장할 수는 없다. 그러나 그러한 사실은, 현행법에 근거하지 않은 결정은 사실상의 효력을 주장할 수 있을 뿐 법적 효력은 주장할 수 없고 그러한 결정은 가정적으로라도 미래를 기속한다는 주장을 하지 않을 것이기 때문에, 상관없다. 사법권의 법률에의 기속 — 기속은 **사건에서의** 기속이다 — 은 현행법에 저항한다. 이러한 배경에서 법원(法源)의 문제에서 분리된 법관법을 "법형성에 대한 법관의 지분(持分)"으로 표현하는 것94)도 의미가 없다. "방법론의 토대로부터는 그의(즉

43ff., 70: 법계속형성과 단순한 해석 사이에는 경계가 없다. 중요한 것은 사법과 입법의 기능묘사를 한정하는 것일 뿐이라 할 것이다. 법관법은 "사실상의 효력"을 발휘한다 할 것이다.

93) 그러나 J. *Ipsen*, Richterrecht und Verfassung, 1975, 61은 그에 반대한다. 본문에서 계속되는 인용은 바로 그곳에 있다.

94) J. *Ipsen*, Verfassungsrechtliche Schranken des Richterrechts, DVBl. 1984, 1102ff.,

법관법의) 허용 또는 금지를 말할 수 없다"는 주장도 오도하기는 마찬가지다. 법적 방법론은 이 주제에 대하여 다음과 같이 핵심을 이야기하고 있다. 즉 사건에서 형성된 법규범과 결정규범을 현행법의 규범텍스트에 방법적으로 환원하는 것이 더 이상 주장될 수 없는 것은 언제부터인가, 즉 **법관법적** 행위에 대해서 대관절 의미 있는 이야기를 할 수 있는 것은 언제부터인가. 법관법적 행위의 정당성과 합법성은 방법적으로 중요한 헌법의 규범들에 따라 결정되며, 방법적 원칙들을 사용하여 그러한 규범들을 끌어들이고 가공하는 것은 마찬가지로 법적 방법론의 (전통적으로 거의 오인된) 과제이다.

법관법적 결정의 기능은 법률, 관습법 및 유추를 초월하여 "법관이 완벽하게 입법자의 역할"을 하면서 일반적이고 추상적인 의미에서 "규범원칙"을 수립하는 "자유로운 법발견"이 이야기되는 곳에서 적절하게 관찰된다.[95] 이러한 정의에서 법규범과 규범텍스트는 여느 때처럼 구별되고 있지 않다. 그럼에도 불구하고 기능적으로 과정은 올바르게 파악되고 있다. 법관이 (집행의 영역에서 결정이 그렇듯이) 그의 결정을 방법적으로 법률, 더 정확하게는 규범텍스트에 환원시킬 수 있는 연역된 정당성의 영역을 포기하는 순간부터 법관은 그러한 역할을 하게 된다.[96] 이 영역으로 돌진하는 판결은 "법창조가 아닌 법관에 의한 입법"이다. 그러한 판결은 법률의 기초기능에 의하여 정당화되지 않기 때문에 — 더 정확하게는, 더 이상 규범텍스트에 방법적으로 환원될 수 없기 때문에 — "바로 자의(恣意)"로 불리어져 왔다.

어쨌든 이러한 평가에는 법관법적 행위의 속성인 기본법의 권한질

1103. 본문에서 계속되는 인용은 바로 그곳에 있다.

95) *Bartholomeyczik*, Die Kunst der Gesetzesauslegung, 2. Aufl. 1960, 119f.

96) *Adolf Arndt*, Gesetzesrecht und Richterrecht, NJW 1963, 1273ff., 1280. 본문에서 계속되는 인용은 바로 그곳에 있다.

서와 권력분립적 구조에 대한 침해가 오묘하게 파악되고 있다. 자유로운 법발견, "법률에서 자유로운 법관의 활동"[97]은 사실은 기본법 제20조 제3항과 제97조 제1항에 대하여 법치국가적으로 정직하게 자신의 권리를 주장할 수 있는 절대절명의 곤경에 있다. "해석의 모든 수단이 충분하지 않은" 곳에서는 오래전부터 지배적인 견해가 "법체계의 완결성이라는 교의(敎義)"를 지키기 위하여 "법관에게 창조적 행위에 의하여 법질서를 … 보완할 의무를 부과"하였다.[98] 간접적으로 그리고 법치국가와 민주주의의 상실을 아랑곳하지 않고 표면적으로는 여전히 법률실증주의의 상실된 환상을 살려두기 위하여 법관법에 대한 소위 반실증주의적 구상이 필요하였다.

2. 현상의 정확한 규정

"법관법"이란 표현과 법관법과 동의어로 사용되는 변형들은 존재하는, 법원의 견해에 따르면 법률사건에 적당하지 않은 규범텍스트가 법관에 의하여 더 이상 채택되지 않을 경우에 사용되는 것이 합리적이다. "규범텍스트"는 중앙의 주무관청에 작성되고 발효된 법규의 공적인 문언만을 의미하기 때문에 다음과 같은 것을 좀 더 정확하게 규정하는 일이 남아 있다. 법관법적 결정행위에서 법원은 항상 그렇듯이 법규범과 결정규범뿐만 아니라 또한 이미 유사-(또는 사이비-)규범텍스트도 정립한다.

법관법의 경우를 정확하게 규정하는 일은 해석론적, 방법론적 그리

---

97) *Meier-Hayoz*, Der Richter als Gesetzgeber, 1951, 38.
98) *Georg Jellinek*, Allgemeine Staatslehre, 5. Neudruck der 3. Aufl. 1966, 356ff.; 또한 같은 곳, 619f.도 참조.

고 규범적 측면을 가진다. 법(규범)이론으로부터 규범텍스트, 법규범 그리고 결정규범을 체계적으로 구별하게 된다. 법관법이 존재하는가 여부, 따라서 사건에서 정립된 법규범이 현행법의 존재하는 규범텍스트집합에 포함되어 있는 규범텍스트에 소급하는가 아니면 사건을 해결하는 중에 자유롭게 작성된 유사-규범텍스트에 소급하는가 여부의 문제는 방법론적인 것이다. 그러한 행위의 (헌)법적 허용성에 대한 질문은 규범적인 것이다. 왜냐하면 법원의 견해에 따르면 입법기관이 (여전히) 충족시키지 않은 긴급한 사회적 규율필요를 다루면서 권력분배의 체계 내에서 법규범과 결정규범을 형성할 권한이 있는 심급이 추가로 유사-규범텍스트를 정립하는 일이 있었기 때문이다. 유사-규범텍스트는 우선 사건을 지도하는 법규범과 사건을 결정하는 결정규범에 영향을 미친다. 더 나아가서 유사-규범텍스트는 법발전의 그 이후의 진행에서 입법절차에서 정립된 공적인 규범텍스트처럼 취급되어야한다.99)

결정규범과 법규범이 현행법의 규범텍스트집합의 특정 규범텍스트에 방법적으로 귀속시킬 수 없는 곳에서는 법관법에 의하여 결정이내려진 것이다. 이러한 진술에서 방법론적 요소들은 헌법적 요소들과결합되며, 달리 말하자면 방법적으로 중요한 규범들, 특히 법치국가와민주주의 영역의 방법적으로 중요한 규범들이 함께 작용하고 있다. 이는 민주적으로 구속되고 법치국가적으로 형성된 법률가의 작업방법이 가지는 이른바 문언한계의 특징이다. 한 조항의 문언은 순수한 포섭의 희소한 경우에만 규정기능을 가짐에 반하여 보통 적극적으로는추정적 효력을, 소극적으로는 제한적 효력을 가진다. 규범의 문언은헌법적 이유에서 허용되는 구체화의 활동의 여지에 경계를 설정한다.

---

99) *F. Müller*, Juristische Methodik und Politisches System, 1976, 82ff., 84ff.; 그 한도 내에서 이제는 용어를 정정하여, 83f.

이는 결정이 "문언의 결과"여야 한다는 것을 뜻하는 것은 아니다. 그리고 이는 희귀한 특수한 경우에만 확인될 수 있다는 것이다. 그러나 결정은 **어쨌든 여전히** 규범과 **합치**되어야 한다. 이는 방법론적 진술이 아닌 규범적 진술이다. 문언한계는 방법론적으로 가능한 구체화가 아닌 실정법적으로 **허용되는** 구체화의 법치국가적·민주적으로 명령된 윤곽을 형성한다.100) 따라서 문언의 제한기능은 문법적 해석요소의 구체화기능(추정적 효력)과 동일한 것이 아니다. 왜냐하면 결정은 직접적인 문언에 집착하지 않고 텍스트해석에 제한되기 때문이다. 그럼에도 불구하고 사건에서 작성된 결정규범과 법규범은 이전의 결정과정에서 완전히 구체화된 규범텍스트와 어쨌든 여전히 합치되어야 한다. 이러한 판단은 부정하는 경우에 — "어쨌든 더 이상 합치되지 않는다" — 분명할 것을 요구한다. 그 문제가 최소한 애매한 것으로 남게 되면 바로 해석된 언어자료의 어쨌든 여전히 가능한 변형된 이해의 활동여지를 포기한 것이라고 이야기할 수는 없다. 그와 동시에 개별사건에서 중요한 언어양식(언어자료)의 **수많은** 구체화요소들이 동일한 결론에 이른다면 문언한계는 **규범프로그램한계**임이 밝혀진다. 그에 반하여 방법론적 충돌의 경우에 개별적인 구체화요소들 가운데서 오직 문법적 논거가 관철되는 특수한 경우가 존재하면101) 이러한 경우들에 대해서는 문언한계라는 이름은 정당한 것이다. 그 경우 헌법에의 기속과 법률에의 기속이라는 헌법적 명령 — 그것과 결합되는 (상위규범, 유보규범, 충돌규범, 표준규범, 통제규범과 같은) 그 밖의

---

100) 그에 대하여 상세한 것은 그리고 입증하고 있는 것은 F. *Müller*, Juristische Methodik, 2. Aufl. 1976, 예컨대 148ff., 217ff., 224ff., 267f.; ders., Rechtsstaatliche Methodik und politische Rechtstheorie, in: Rechtsstaatliche Form — Demokratische Poitik, 1977, 271ff., 274f. — 방법론적 충돌의 경우 우선규칙의 틀 내에서 규정 문언의 역할에 대하여는 ders., Juristische Methodik, 2. Aufl., 1976, 205, 206.

101) 그에 대하여는 F. *Müller*, Juristische Methodik, 2. Aufl. 1976, 205, 206.

법치국가적 규범들을 포함하여 — 에 대한 규범적으로 정당화된 최후의 방어선의 실현을 돕는 것은 다름 아닌 관례적인 방법론에서 불명료하게 그렇게 호칭되는 "가능한 어의(語義)", 더 이상 직접적이지 않은 문법적으로 해석된 규범텍스트인 것이다.102) 법관법적으로 결정하는 경우 사건에서 정립된 법규범과 결정규범은 어쨌든 더 이상 현행법의 규범텍스트의 하나에 귀속시킬 수 없으며, 현행법의 텍스트집합의 밖에 있는 사이비문언이 유효한 것으로 간주되어 결정과정에 도입된다. 입법입기관이 규정한 **규범텍스트**가 없다면, 방법적으로 가능한 규범프로그램이 없는 것은 아니지만 아마도 헌법적으로 주장할 수 있도록 완성할 수 있는 **규범프로그램**이 없는 것일 것이다. 그에 반하여 사항영역과 사건영역103)은 존재할 뿐만 아니라 심지어 법원을 지도하는 의미까지 가진다. 그렇지만 법관에게 '법정책적 필요'는 순 사실적 사항영역 내지는 사건영역을 유사-규범적 기능으로 매도할 정도로 강하게 부각되며, 사항영역 내지는 사건영역은 법관에 의하여 또한 자유롭게 작성된 사이비-규범텍스트 및 그러한 규범텍스트를 사용하여 구체화된 규범을 유사-규범적 기능으로부터 정당화하여야 한다.

달리 말하면, 법관법의 경우에 법원은 **규범영역**104)을 만들어내지도

---

102) 언어학에 대한 법(규범)이론과 법적 방법론의 관계에 대하여는 F. Müller, Strukturierende Rechtslehre, 1984, 372ff. m. Nwn.; 언어학에서 실용적 방향전환에 대하여는 같은 곳, 374ff., 377 및 Hegenbarth, Juristische Hermeneutik und linguistische Pragmatik, 1982 — 문제제기의 상황에 대하여는 더 나아가서 Christensen, Die Wortlautgrenze der juristischen Methodik als linguistische Problem(출판준비 중); Kromer, Wortsinn und Theorie der Wortlautgrenze(출판준비 중) 참조.

103) 이 개념들에 대하여는 F. Müller, Srukturierende Rechtslehre, 1984, 예컨대 251, 254ff., 356f.

104) 이 개념에 대하여는 F. Müller, Juristische Methodik, 2. Aufl. 1976, 예컨대 117ff., 120ff., 180ff., 269ff.; ders., Strukturierende Rechtslehre, 1984, 예컨대 117f., 132, 137ff., 142ff., 184ff., 323ff.

못하면서 사항영역과 사건영역으로부터 구성적으로 작업한다. 그 원인은 공식적인 규범텍스트가 결여되어 있기 때문에 법치국가적으로 결점 없는, 제 편에서 사항영역과 사건영역으로부터 규범영역의 요소들을 선별하는 것을 도와줄 수도 있을 규범프로그램이 획득될 수 없다는 데 있다. "규범프로그램"이라는 정성적(定性的) 개념에서는 (관습법의 경우를 제외한) 구체화의 출발점은 공적인 규범텍스트로부터 취해진다는 것이 당연히 가정되어 있다. 더 나아가서 규범프로그램이라는 정성적 개념은 언어자료를 해석한 결과, 규범프로그램은 방법적으로 규범텍스트에 환원될 수 있다는 것과, 방법론적 충돌이 없다면, 그 밖의 중요한 언어적 구체화요소들에 환원될 수도 있다는 것을 가정한다. "형평성", "일반적인 법이념" 또는 "법적 거래의 필요성"과 같은 자유롭게 인용된 핵심적 표현들은 민주적·법치국가적 의미에서 규범텍스트가 아니며, 또한 규범텍스트를 대체할 수도 없다.

규범텍스트의 결여에 의하여, 그러므로 또한 결점 없는 규범프로그램의 결여에 의하여 그리고 더 나아가서 순 사실적 사실논거의 주도에 의하여 그리고 규범적으로 중요한 규범영역으로 될 수도 없으면서 사항영역과 사건영역이라는 비규범적 형태로 잔류하고 있음에 의하여 그 특징이 나타나는 법관법의 순수한 경우들은 규범구조적[105]이다. 그럼에도 불구하고 법관들은 마치 구체화작업의 마지막에는 사실자료에 대해서는 규범영역이 그리고 언어자료에 대해서는 규범프로그램이 있는 것처럼, 다른 말로 표현하면 법치국가적 권력분립적 민주주의에서 법관의 행위, 결정규범의 판결에 대해서는 정당화를 의미하는 법규범의 구조적 구성요소가 있는 것처럼 취급하고 있다. 법관법의 경우에는 규범 외적으로 근거지어진, 실정법에 편입되지 않는, 그럼에도

---

105) 규범구조 — 텍스트구조 — 효력구조의 구별과 상호간의 귀속에 대하여는 *F. Müller*, Juristische Methodik und Politisches System, 1976, 94ff. 참조.

불구하고 당사자에 대하여 구속력을 주장하는 결정규범이 정립되고 있다. '판결하지' 않고 자유롭게 정립하는 법관이 그것을 넘어서 자신의 행위를 장래에 대하여 구속력 있는 것으로 받아들여질 것을 원하든 원하지 않든 그것은 현상의 정확한 규정을 위해서도 현상의 허용을 위해서도 어떤 역할도 하지 않는다. 모든 경우에 법관법의 문제는 규범텍스트정립에 대한 물음에 그 본질이 있다.

3. "부적절한 결정"의 배제

어떤 결정, 그 결정에 의하여 도입된 법규범 내지 결정규범은 다음과 같은 경우에는 그리고 다음과 같은 이유 때문에 '부적절하다'고 부른다. 그것이 더 이상 실정법에 비추어 정당화될 수 없는 경우에 그리고 그 때문에, 그것이 해석된 의미에서 문언의 제한기능과 어쨌든 더 이상 합치되지 않는 경우에. 그 경우에 그것은 '법에 반한다'(위법이다, rechtswidrig). 그와 동시에 '…에 반한다'(-widrig)에서는 법률의 **우위**(법률**위반**이 아니다!)뿐만 아니라 또한 법률의 **유보**(법률에 **근거**하지 않은 행동이 아니다!)도 체계적으로 함께 고려되고 있다.

그러므로 현행법에 따라 판단하면, '부적절하고 그리고 그 때문에 위법한 결정'과 '법관법적이고 그리고 그 때문에 적법한 결정' 간에는 **어떤** 규범관련적·방법론적 차이도 존재하지 **않을** 뿐만 아니라 또한 **어떤** 해석론적 차이도 존재하지 **않는다**. 차이는 오직 상이한 법정책적 입장에 있을 뿐이다.[106] 비록 법관법적 행위가 더 이상 실정법

---

106) 또한 *Larenz*, Richterliche Rechtsfortbildung als methodisches Problem, NJW 1965, 1ff. 참조: 본래의 법관법의 경우 법관은 그가 법률에서 직접 끌어내지 않은 규범을 그 자신이 정립하고 있다는 것을 "의식하고" 있다; 같은 곳, 2.

에서 증명될 수 없다 하더라도 그럼에도 불구하고 그것은 — 이러한 사실을 의식하여 — 의당 전세계적인 양식("실행 가능성", "개별적 정당성", "법이념", 기타 이와 유사한 것)의 (현행법의 규범텍스트집합에는 친숙하지 않은) 비규범텍스트를 인증(引證)으로 내세워 예외적으로 '위법하게'가 아니라 **'적법하게'** 행해져야 한다. 이러한 역설적인 정당성요구의 수신인은 우선은 법관법을 정립하는 협의체 자체의 구성원, 다음으로는 그 결정에 의하여 이익을 본 당사자와 손해를 본 자와 그 외에도 사법부의 다른 심급 그리고 장기적인 안목에서는 또한 학문적 토론의 적잖은 부분이다. 그에 반하여 (마찬가지로) 현행법의 규범텍스트에서 더 이상 방법적으로 증명될 수 없기 때문에 '위법한' 결정은 그러한 요구를 하지 않는다. 그러한 결정은 무익하게 **현행**법에서 합법화되어 있기 **때문에** 적법하다고 주장할 뿐이다.

그러므로 "법관법"이라는 표현은 부적절하게 또는 부당한 방법으로 확장적으로 또는 축소적으로 구체화된 성문법에 대해서는 의미가 없다. 이러한 유형은 비법관법적 법학설과 방법론의 한계를 벗어나지 않는다. 비록 결정심급이 '규정을 따르지'(lex artis) 않았다 하더라도 이러한 유형은 실정법의 규범텍스트에 환원함으로써 '규정에 따라'(lege artis) 해결할 수 있다.

4. 일반조항이란 문제의 배제

판례와 문헌에서 마주치게 되는 견해에 따르면, 법관법은 일반조항이란 현상과 특별한 관계에 있음이 분명하다. 연방헌법재판소 판례집 제3권에 수록되어 있는 '평등취급 결정'[107] 이래 "방향지시적 조항을

---

107) BVerfGE 3, 225ff., 243; 예컨대 또한 13, 153ff., 164; 49, 89ff., 133ff.도 참조.

근거로 한 흠결의 창조적 보완"은 연방헌법재판소에 의하여 "관례적이고 항상 수행해야 할 법관의 과제"로 표시되고 있다. 예컨대 민법 제138조(선량한 풍속)와 같은 규정들, 민법 제242조, 실권(失權) 그리고 기타 이와 유사한 것에 대한 결정들에서 볼 수 있듯이, "법률의 일반조항을 구체화하는 법관의 정립"은 의심의 여지없이 법관법을 구성한다.[108] 일반조항은, 또한 이른바 불확정법개념과 마찬가지로, 의당 "얼마 안 되는 규범적 내용을 제시해야" 하고 "법적용자가 … 스스로 규범을 형성할 수 있도록 권한을 부여해야" 한다. 그 때문에 "입법부가 불확정법개념과 일반조항을 사용하는 일이 늘어나면서" "법형성에 대한 법관의 지분(持分)"은 증가한다고 한다.[109]

일반조항과 법관법을 연관시키는 것은 다음과 같은 이유 때문에, 즉 법규범 일반의 구조에 대해서 그런 것처럼 그러한 연관의 구조에 대해서는 거의 질문되지 않기 때문에 그리고 모든 법규범처럼 일반조항은 그 규범텍스트와 동일시되고 다만 특히 일반적으로 준수되는, 특히 불확실한 "규범"으로 간주되기 때문에, 질문할 가치가 있다. 그것으로 일반조항이 정말로 법관법과 특별한 어떤 관계가 있는지 없는지 여부에 대해서는 해명될 수 있으나, 일반조항도 법관법과 마찬가지로 구조적으로 판독되어야 한다.

"얼마 안 되는 규범적 내용"만이 일반조항의 내용이라면, 그 이유는 규범텍스트와 규범을 혼동한 데서 설명된다. 일반조항의 규범적 효력은 원칙적으로 다른 규정들의 규범적 효력과 마찬가지로 크며, 때로는 이례적일 정도로 현저하다. 그러한 한에서 또한 일반조항은

---

108) *Coing*, in: Staudinger/Coing, Kommentar zum Bürgerlichen Gesetzbuch, 12. Aufl. 1980, Einleitung Rdnr. 215.

109) *J. Ipsen*, Verfassungsrechtliche Schranken des Richterrechts, DVBl. 1984, 1102; ders., Richterrecht und Verfassung, 1975, 63f.

"불완전한 규범"이나 단지 "미완(未完)의 규범"을 표현한다는 진술도 시정되어야 한다.[110]

이러한 이전의 표현들에 대하여 일반조항은 **법규범으로서 완전하다**는 것이 해명되어야 한다. 일반조항을 사용하여 어떤 사건이 결정되면 또한 이곳에서도 결정규범은 물론 — 작업절차에서 시간적으로는 결정규범 이전에 — 규범프로그램과 규범영역으로 구성된 법규범이 형성된다. 일반조항에서 "불완전한" 것은 단지 규범텍스트의 밀도일 뿐이다. 일반조항은 법규범으로서 특별한 문제를 야기하지 않는다. 그에 반하여 일반조항은 문법적 요소를 실정적으로 구체화하는 작업 — 규범텍스트의 신호작용은 이곳에서는 통례보다 보잘것없다 — 보다 사건을 결정하는 기관에 의한 그 형성에 방법적으로 더 커다란 요구를 한다.

일반조항과 관련하여 법관이 법"계속형성"에 강하게 부름을 받고 있고 또한 강한 권한이 있어야 한다면 다음과 같은 것이 의문이다. 법관의 권한은 **어디에서** 강화되어야 하는가, 오직 법규범과 결정규범을 정립하는데서 강화되어야 하겠지만, 그와 동시에 이례적으로 불확실한 규범텍스트에는 그에 상응하여 더 약하게 구속되어야 하지 않겠는가? 아니면 그곳에는 구체화하는 기관에게 **하위규범텍스트**를 정립하고 우선 그 하위규범텍스트에서 출발하여 사건과 함께 법규범과 결정규범을 발전시키도록 권한위임이 있다고 보아야 하는가? 어떤 일반조항이 법관에게 — 물론 그렇다면 또한 그 밖의 법'적용자'에게도 — '법적으로'(de iure) 하위규범텍스트를 창조하고 그 추정적 효력을 근거로 그리고 그 한계 내에서 법규범을 형성하고 이 법규범을 결정

---

110) 그러나 F. *Müller*, Juristische Methodik, 2. Aufl. 1976, 예컨대 273f.; ders., Fallanalysen zur juristischen Methodik, 1974, 14; ders., Strukturierende Rechtslehre, 1984, 201f. 는 그러한 입장이다.

규범으로 개별화하는 권한을 부여할 수도 있을 것이다. 이와 같은 것은 그 한쪽 끝이 '규범텍스트 없이 하는 결정(법관법)'으로 그리고 그 다른 쪽 끝을 '규범텍스트에 받아들일 수 있는 환원하의 결정'으로 표시되는 눈금 위에 있는 결정의 중간형태일 수도 있다. 그렇다면 일반조항은 하위규범텍스트를 정립하는 데 그리고 그에 계속해서 이어지는 '규범적' 구체화에 대한 권한부여의 기초일 수도 있을 것이다.

이러한 이야기가 정당할 수도 있다면, 일반조항이라는 현존하는 규범텍스트에 대한 형성적인 하위규범텍스트의 관계는 반드시 해명되어져야 할 것이다. 전자가 현행법의 문언으로서 가지고 있는 가치와 요구가 진지하게 받아들여진다면, 하위"규범텍스트"에 대하여 언급하면서 오히려 규범프로그램이나 예컨대 민법 제242조, 제826조의 문언의 마지막에 구성된 법규범 중의 규범프로그램의 한 부분을 언급하지 않을 어떤 이유도 명백하지 않다. 그렇지 않으면 일반조항의 문언은 무용지물이 될 수도 있고, '참된' 규범텍스트는 법관이나 그 밖의 법'적용자'에 의하여 정립된 하위규범텍스트일 수도 있다. 일반조항의 문언들도 등가(等價)로 현행법에 속하기 때문에 그런 일은 허용될 수 없을 것이다. 물론 일반조항의 문언들은 관례적인 문언들보다 더 불확실하다. 그러나 그것은 다른 차원의 문제이다. 방법적으로 중요한 규범들, 특히 기본법 제20조 제3항과 제97조 제1항은 현행법의 일반조항적인 규정들의 공적 문언을 가볍게 생각하지 못하도록 한다. 그러한 것을 도외시한다면, 법이론적으로는 법관법적 하위규범텍스트의 정립이라는 가설에서 특별한 소득이 있다고 인정할 수 없다.

따라서 법관에게 위임된 법적 결정권의 관점에서 판단하면, 일반조항은 사건을 결정하는 심급에게 그 밖의 "규범"(정확하게는 규범텍스트) 이상의 것을 할 권한을 부여하지 않는다. 관례적인 개념의 혼동에 따라 "일반조항"으로 표시되는 것은 일반조항 자체가 아니라 일반조항의 문언이다. 문언은 그 자체 법규범도 아니고 개념적 규범구성요소도 아니다.111) 그런 까닭에 일반조항을 "미완의 규범"이나 "불완전한 규범"으로 표시하는 것은 더 이상 합리적이지 않다. 어쨌든 약화된 형태에서 변함없이 규범과 규범텍스트를 혼동하는 것은 문언을 법규범에 그 개념적 구성요소로 편입하려는 것의 기초가 된다. 그에 반하여 사건과 함께 규범텍스트를 구체화과정의 출발자료로서만 파악하는 것이 옳다는 것이 밝혀졌다.

그러므로 법관은 사람들이 "일반조항"이라고 부르는 규범텍스트가 자신의 작업의 출발단위에 속하는 경우에도 방법적으로 일반조항을 지향하여 법규범(규범프로그램과 규범영역)을 정립하고 최종적으로는 그것을 결정규범으로 개별화한다. 그렇게 만들어진 법규범과 결정규범은 규범적인 것이지 대략 미완의 것이 아니다. 아마도 그 문언, 특히 불확정적으로 작성된 법문은 그렇게 불릴 수도 있을 것이다. 문언은 자기식대로 완전하다 하더라도 불확실한 정도가 강하다. 관례적인 문언과 비교할 때 두 가지 점에서만 불완전성을 말할 수 있을 것이다. 첫째는 불확실한 문언이 "신의성실", "거래관습", "선량한 풍속"과 같은 법률외적 척도를 지시하거나 "기술수준"과 같은 자연과학적으로 통제할 수 있는 기준을 지시하는 경우이다.112) 왜냐하면 정상적인 규범텍스트의 경우에도 사항영역과 규범영역이 탐구되고 방법적으로 매개되어야 하기 때문에, 그것도 규범텍스트에 명시적인 지시가 흠결되어 있을 때이긴 하지만, 물론 이 경우에는 질의 차이는 볼 수 없고 정도의 차이만 볼 수 있다. 둘째는 법작업자가 마음대로 처분할

---

111) 그에 대하여 자세한 것은 *F. Müller*, Strukturierende Rechtslehre, 1984, 예컨대 230ff., 234ff., 263ff.

112) 기술수준과 그 법적 극복의 문제에 대하여는 *F. Müller*, Strukturierende Rechtslehre, 1984, 275f., 395f. 민법과 공법의 토론에 대한 소개.

수 있는 신호의 밀도와 관련하여 불확실한 문언의 불완전성을 말할 수도 있을 것이다. 신호는 문법적 요소들의 **적극적 구체화실행**(신호작용, 진정한 포섭의 희소한 예외경우에만 규정작용)을 위해서 비교적 얼마 안 되는 논거만을 제공한다. 더구나 일반조항은 넓은 사항영역을 가지고 있다. 그에 상응하여 일반조항의 불확실한 규범텍스트는 규범텍스트로부터 규범영역을 선택하는 데 대하여 얼마 안 되는 논거만을 준다. 다른 말로 표현하면, 규범영역과 사항역역은 이곳에서 양적으로 계속적으로 보통 일치한다. 사건과 사건영역은 일반조항을 사용하여 결정되어야 하는 곳에서는 이례적으로 매우 중요하다. 구성적인 법규범과 그로부터 개별화된 결정규범은 결과에서 해석된 언어자료에 상응하여 정확하게 통제하기가 어렵다. 달리 말하면, 이곳에서 규범텍스트는 그 두 번째 기능, 문언한계/규범프로그램한계의 의미에서 **소극적 제한작용**에서도 얼마 안 되는 암시만을 줄 뿐이다. 법적 결정은 — 여느 때와 마찬가지로 이곳에서도 — 명료성을 요구하기 때문에,[113] 법적 결정은 어쨌든 더 이상 규범프로그램(내지는 예외적인 경우에는 문법적으로 해석된 규범텍스트)과 합치되지 않는다는 언명은 일반조항의 경우에는 아주 희소한 경우에만 가능할 것이다.

따라서 그러한 종류의 구체화과정은 그 과정에서 작성된 법규범과 결정규범이 특히 불확실한 규범텍스트에서 출발한다는 특성만을 가진다. 이는 법관법에 대한 질문에 대해서는 단지 법관법적 결정의 경우(실정법의 문언에 환원할 수 없는 법규범과 결정규범의 정립)는 방법적으로 입증하기 힘들기 때문에 그에 상응하여 이곳에서 주장하기 매우 어렵다는 것만을 의미할 뿐이다. 그럼에도 불구하고 그러한 경우

---

113) 그러한 경우에 명확성의 요청에 대하여는 F. *Müller*, Rechtsstaatliche Methodik und politische Rechtstheorie, in: Rechtsstaaltliche Form — Demokratische Politik, 1977, 271ff., 274f.

가 가능하기는 하다. 그렇다면 다음과 같은 경우에는, 즉 "신의 성실"이, 불확실한 규범텍스트와 더 이상 합치되지 않는 한, 신뢰의 모든 요소와 주관적 그리고 객관적으로 모두 풀려 있게 될 경우에는, 즉 당사자의 법적 활동의 예견가능성, 상호성, 계속성과 같은 요소들이 더 이상 어떤 역할도 하지 않고 "신의 성실"이 그와는 무관한, 법원에 의하여 권위적으로 재정의(再定義)되는 공허한 표현으로 될 경우에는, 결정은 더 이상 민법 제242조를 원용할 수 없을 것이다. "선량한 풍속"을 이른바 범죄인의 명예심의 수준, 마피아의 집단이해, 특정 교회나 종파의 특별한 신앙내용 그리고 이와 유사한 것으로 생각해서는 안 될 것이다. "거래관습"은 해당 법질서 내에서 또는 결정에 의하여 관계되는 공동체의 영역 내에서 경험적으로 확인될 수 있는 기대패턴과 행동패턴에 대한 모든 관계를 상실하게 하는 것이어서는 안 될 것이다 등등.

그러므로 어떤 일반조항이 사건이나 소송사건의 문제되는 부분을 지배하는 바로 그곳에서도 법관법을 형성하는 것이 가능하다. 역으로 일반조항을 근거로 한 법적 결정은 그곳에서는 반드시 판례법이 정립된다는 것을 의미하지 않는다. 일반조항은 법관법에 대한 질문에 대하여 정성적(定性的으)로도 체계적으로도 특별한 문제를 형성하지 않는다.[114]

---

114) 일반조항의 영역에서도 입법자의 역할과 우위를 강조하고 자신의 과제를 관대하게 법원에 위임하는 것을 입법자에게 허용하지 않는 바로 그 판결은 핵심에 있어 이러한 생각에 근접하고 있다. 그러므로 불확정적 법률표현도 법관의 구체화 작업을 위하여 최소한의 "내용"을 사전에 제시하여야 한다. 예컨대 BVerfGE 19, 354ff., 361f.; 34, 293ff., 302f.; 48, 48ff., 56; 49, 89ff., 133ff. 마지막 언급된 결정(칼카 결정)은 특히 "근본적인 규범적 영역"에서 입법자의 우위를 입법자가 "모든 본질적인 결정을 스스로 내려야"하고 자신의 책임을 집행부와 사법부의 어느 것에 대해서도 전가해서는 안 된다는 데서 보고 있다: BVerfGE 49, 89ff., 126. 이와 같은 이른바 본질성이론에 대한 문헌으로는 예컨대 *Oppermann*, Gutachten für

5. 헌법학을 배경으로 한 "법관법"

우선, 헌법이론적으로 법관법은 국가권력의 배분과 상호구속(권력분립의 법치국가적 그리고 민주적 문제) 및 특히 그것이 실현되는 구체적인 방법에 대하여 질문을 던진다.

지금까지의 분석에 따르면 대안은 "포섭이냐 아니면 법관법"이냐가 아니다. 오히려 "포섭 대신 구체화"가 결과로 밝혀졌고, 이러한 결과를 가지고 법관법에 대한 질문도 대답되어야 한다. 구성법학과 헌법이론의 범위 내에서는 권력분립적 국가기능은 더 정확하게 다시 쓰여져야 한다. 입법에 대립되는 '집행권'이라는, 즉 행정부는 물론 또한 사법부에서의 '법률적용'이라는 오래된 생각은 이제는 방법적으로 현행법의 규범텍스트에 환원할 수 있는 법규범을 **구체화하는 것**(=작성, 구성)으로 그리고 곧 이어 방금 생산된 법규범을 '사건에서'(in casu) **개별화하는 것**으로 나타난다. 그와 동시에 관례적으로, 헌법규범적으로 정당화된 권력분립이론은 예컨대 약화되지 않고 강화된다. 기능이론은 구별과 배분의 이론으로서, 공권력의 개별적인 기능들의 상호관계와 상호통제의 이론으로서 이제 현실과 가깝게 파악될 수 있다. **입법**기관은 실제로는 일반적으로 법규범도 결정규범도 정립하지 않고 문언만을 정립한다. "법률"제정기관은 실정헌법에 의하여 규범텍스트를 작성하고 시행할 권한을 가질 뿐이다.[115]

그로 인해 특수한 헌법규범에 의하여 정당화되는 예외가 있을 수

---

den 51. DJT 1976, 48ff.; *Stern*, Das Staatsrecht der Bundesrepublik Deutschland Bd. I, 1977, 637ff.; *Wagner*, DVBl. 1978, 839ff.; Wank, Grenzen richterlicher Rechtsfortbildung, 1978, 233ff.

115) 그에 대하여 원칙적인 것은 F. *Müller*, Strukturierende Rechtslehre, 1984, 예컨대 234ff., 263ff., 특히 268ff., 270ff.

있고 또 있다고 해서 구성적 유형이 달라지지는 않는다. 예컨대 특정의 행정과제가 또한 법원에 의하여 수행되는 경우(사법행정), 규범텍스트가 또한 집행권 내에서 만들어지는 경우(법규명령과 행정규칙의 공포, 예컨대 기본법 제80조), 입법기관이 통제권을 행사하거나(예컨대 기본법 제44조, 제45a조, 제45b조, 제87a조 제1항) 또는 헌법과 개별적 법률(연방선거법이 그렇다)의 규범텍스트에 의하여 개별적인 경우에 스스로 법규범과 결정규범을 정립하는 경우(기본법 제46조 제2항 내지 제4항에 규정되어 있는 면책특권에 대한 연방의회의 결정, 기본법 제41조에 규정되어 있는 선거심사문제)가 그렇다.116)

그 밖의 국가기능들에 대해서도 같은 이야기가 적용된다. 일반적으로 규범텍스트만을 작성할 수 있는 "법률"제정기관과는 달리 "법"과 "법규범과 결정규범"이 동일시될 수 있는 한, 사"법"기관은 옳은 이름을 가지고 있다. **사법부**는 헌법과 법률에 의하여 — 원칙적으로 입법부에 의하여 생산된 — 방법적으로 규범텍스트에 환원시킬 수 있는 법규범과 결정규범을 정립하는 데만 권한이 있다. 실정법적 예외는 법원이 개별적 수권규범을 근거로 행정기능을 수행하거나 또는 법원의 결정이 기속력을 넘어 법규적 효력을 가지는 경우에 — 그것도 특별법의 특별규정을 근거로 그리고 그 범위 내에서 — 존재한다.117) 그에 반하여 법률상의 예외를 도외시한다면 사법부의 심급들은 규범텍스트를 정립할 권한이 없다. 개별적인 경우에 일반조항의 존재가 그에 대한 예외가 되지 않는다는 것은 이미 앞에서 증명한 바 있다.

---

116) 권력분립원리와 헌법질서 내에서 동 원리의 상이한 개별기능들에 대한 요약은 *Hesse*, Grundzüge des Verfassungsrechts der Bundesrepublik Deutschland, 15. Aufl., 1985, 184ff., 192ff.

117) 연방헌법재판소법 제13조 제6호, 제11호, 제12호, 제14호 및 제13조 제8a호와 함께 연방헌법재판소법 제31조 참조.

집행권은 헌법과 법률에 의하여 집행권을 대상으로 하는 규범텍스트나 법규범과 결정규범에 의하여 매개된 지령 및 그리고 행정부 내부의 지령의 어느 하나를 지향하여 다양한 행정법상의 수단을 가지고 이들을 재정립할 권한이 있다. 이러한 상황의 일반적 형태는 행정부가 이른바 행정유보에 의하여 '아주 고유한' 권한을 수행하는 경우, 즉 '법률'을 집행할 뿐만 아니라 또한 스스로가 법적으로 중요한 사건을 실체적으로 형성하는 경우에 존재한다. 또한 그러한 것도 헌법과 법률과는 무관하게 진행되는 것이 아니라 덜 밀접하게, 그러나 그럼에도 불구하고 기속적이고 의무적으로 법률과 헌법에 기속되면서 진행된다. 중요한 실정법적 예외는 행정부가 특별한 지시에 의하여 헌법이 보장하고 법률이 위임한 규범텍스트(법규명령, 행정규칙)를 제정하는 경우에 존재한다. 그에 반하여 행정부는 "행정법"(Exekutivrecht — 행정부에 의하여 만들어진 법이라는 의미임: 역자)을 "법관법"에 상응하는 것으로 정립할, 즉 공적인 규범텍스트가 존재하지 않는 경우 자신의 절대권력으로 그런 규범텍스트를 만들고 그런 후 집행적 결정을 자신이 만든 규범텍스트에 맞출 권한은 없다. 마찬가지로 현행헌법에는 사법권이 그렇게 할 수 있는 규정도 없다.

민주주의원리에서 유래하는 법관의 법률에 대한 기속의 측면도 새롭게 정의될 수 있다. 행정부와 사법부라는 "집행"권은 **법치국가적으로** 구성되고 설립되고 통제될 뿐만 아니라 또한 민주주의의 구속을 받는다. 일반적으로 법생산에 (즉 규범텍스트정립, 법규범과 결정규범에 의한 규범실현과 그리고 갱신된 법정립 내지는 법개정에 의한 규범실현 사이의 **법적 준칙 설정의 순환과정에**) 대한 한편으로는 입법부의 지분과 다른 한편으로는 사법부와 행정부의 지분은 국민법(Volksrecht — 국민에 의하여 만들어진 법이라는 의미임: 역자)과 관청법(Amtsrecht — 관청에 의하여 만들어진 법이라는 의미임: 역자)으로 묶인다. "국민법"은 민주적으로 생산된 법으로 불러야 한다. 이를 위해서는 레퍼렌덤, 국민표결의 가능성이 있다. 즉 헌법적 구성에 따라 분쟁결정, 즉 법규범결정과 결정규범결정이 문제되나, 보통은 이미 존재하는 문언을 지향하지 않는 실체적 결정, 즉 규범텍스트의 정립이라는 형태의 "법률"제정이 문제된다. 기본법 하에서 그런 것처럼 이러한 가능성이 매우 광범하게 차단되어 있는 경우에는, 국민이 법관과 공무원을 선출하지 않고 (예컨대 루소 *Rousseau*의 국가모델이나 평의회민주주의적 구상에서와는 달리) 국회의원에 대한 명령적 위임도 정부각료나 공무원에 대한 국민소환도 없는 경우에는 실제의 정치과정에서 민주주의에 근거를 둔 "법"정립의 가능성만이 정확하게 법결정, 의회에 의한 규범텍스트의 작성과 시행을 위한 출발자료를 형성한다.118)

그럴 경우에 개별사건을 규율하는 구체적인 법, 즉 결정규범의 형태를 취하는 구체적 법률은 민주적으로 생산되지 않는다.119) 정치적으로 커다란 영향을 받는 민주적 절차에서 결정규범을 직접 정립할 가능성은 원칙적으로 부정된다. 공권력의 영역에는 여러 모로 매개된, 그렇게 약화된 형태로 미래에 있을 개별사건에서 법규범과 결정규범의 직접 제정에 미리 영향력을 행사하려는 민주적 결정만이 남아 있다. 사건을 직접 규율하는 행위는 관청법에, 말하자면 법치국가적 이유뿐만 아니라 마찬가지로 민주적 이유에서 민주적으로 만들어진 규범텍스트에 비추어 정당화될 수 있어야 하는 법규범과 결정규범에 의하여 법원이나 행정관료가 행하는 사건결정에 유보되어 있다. 법치국가적 사후심사가능성을 의식하고 있고 그리고 그러한 의식에 의하여

---

118) 그에 대하여는 법률상의 학설의 범위 내에서 F. *Müller*, Strukturierende Rechtslehre, 1984, 예컨대 270ff.

119) 의회에 의한 개별사건결정이라는 헌법적 특수형태 밖에서, 즉 선거심사, 면책특권문제의 결정.

자신의 헌법에 대한 기속을 실현시키려고 하는 **법률가의** 합리적 **작업 방법**에 대한 성실한 의무가 있기 때문에 규범텍스트에 형식화된 민주 정치의 결과가 또한 실제로 공동체의 법상태에 영향력을 행사할 수 있다. 관청법은 국민법을 제압해서는 안 되고 국민법과의 연결고리를 차단해서도 안 되며 속임수를 써서 국민법을 속이려는 시도를 해서도 안 된다. 수백 년 계속된 공화정 시기의 로마법제사는 실제로 어느 정도까지 그런 일이 시도될 수 있는가에 대한 고전적 예를 제공한다. 귀족과 평민 간의 사회적 이원론, 국민법과 관청법 간의 법적 이원론 이 후기 제정시대 절대주의의 1인지배적 독재 하에서 붕괴되기 이전 에는 국민법적 정당성과 관청법적 정당성 간의 제도적 이원론은 어쨌 든 체제정합적(體制整合的)이었다. 그에 반하여 **모든 사람을 위한 하 나의** 법질서인 기본법의 법치국가적 민주적 질서는 피지배계급을 억 압하는 지배계급의 부분법체계를 필요로 하지 않는다. 모든 사람을 위한 하나의 법질서를 추구하는 법과 헌법의 통일성을 위한 제도적 예방책은 규범텍스트를 **민주적으로** 생산하고 구체화하는 국가기능을 규범텍스트에 있는 원칙에 **기속**시키는 것이다. 전자 또는 후자가 더 이상 실제로 보장되지 않으면 평등한 통일성이라는 이데올로기적 외 관을 가장한 법질서는 규범텍스트를 민주적으로 생산하는 국민법과 개별사건에서 국민법으로부터 다소간 임의로 분리되는 관청법으로 분 열된다. 그러나 로마의 '집정관'(Prätor)의 상(像)과 기능은 그저 사실 적인 체제이원론이 아닌 법적으로 정당화되는 체제이원론을 전제로 한다. 어떤 이중적 체계도 기본법과 같은 질서의 정당성주장과 합치 되지 않는다. 기본법의 의무부여적 구상에 따르면 법과 헌법은 잠재 적 내전에서 휴전선으로, 무기가 평등하지 않은 논쟁에서 방법적으로 이중적 도덕을 가지고 수행되는 도구로 남용되어서는 안 된다. 집행 권과 사법권은 규범텍스트를 스쳐 지나가서도 규범텍스트를 못쓰게 만들어서도 그리고 또한 — 명시적인 헌법적 예외를 도외시한다면 — 독자적으로 규범텍스트를 정립해서도 안 된다. 집행권과 사법권은 집정관인 체해서는 안 된다.[120]

법치국가, 민주주의, 권력분립은 그로부터 법관법이란 현상이 평가될 수 있는 규범적으로 요청되는 헌법적 단서이다. 그것과 나란히 텍스트구조와 효력구조의 헌법학설적 규범구조에 의하여 규범구조의 법(규범)이론적 구상을 보완하고 확대 발전시킨 헌법학의 분석적 방법이 또 다른 가능성을 제공한다.[121] 법관법적 사례들은 **규범구조적으로는** 규범텍스트의 흠결 그리고 그와 함께 정당한 규범프로그램의 결여, 사항관점의 우세와 사항관점이 사항영역의 비규범적 형태 내에 머물러 있음을 그 특징으로 한다. 법관법적 사례들은 텍스트구조적으로는 여러 가지 특수성을 내보인다.

텍스트구조라는 구상은 규범적으로 정당화할 수 있는 다음과 같은 가정에서, 즉 근대적 법치국가의 형태를 취하고 있는 헌법국가는 규율된 헌법적 권력이 등장함으로써 현실적 권력이 상대적으로 억제된다는 데서 그 정당성을 얻고, 헌법국가에서는 법치국가를 위하여 활동하는 자들이 현행법을 원용함으로써 언어를 수단으로 하여 권력을 매개한다는 사실에 의하여 지배의 체계적 우위가 실현된다는 가정에서 출발한다.[122] 법치국가가 실제로 기능하기 위해서 뿐만 아니라 또한 정당성이 법치국가적 정당성과 개별적인 경우에 구체적인 법치국가적 활동을 정당화하기 위해서도 언어의 역할이 기초적이기 때문에 법치국가는 텍스트구조의 분석적 구상에 따라 다음과 같은 방법에 의

---

120) 그에 대하여는 F. *Müller*, Die Einheit der Verfassung, 1979, 예컨대 167ff., 171ff.

121) F. *Müller*, Juristische Methodik und Politisches System, 1976, 94, 95ff., 99ff.; ders., Strukturierende Rechtslehre, 1984, 433ff.

122) 그에 대하여 원칙적인 것은 F. *Müller*, Recht — Sprache — Gewalt, 1975.

하여, 즉 예컨대 헌법적 권력과 현실적 권력을 구별함으로써, 합리성의 이중기능을 강조함으로써, 결정이라는, 규범구체화에 정치적 동기들이 작용하는 데 대한 분석적 표본으로서 사회적 그리고 규범적 포함과 해석이라는 개념들에 의하여, 더 나아가서 헌법학설에 의하여 수행하여야 할 정치적·법적 방법의 과제로서 기능, 구조 그리고 작업방식을 함께 분석함으로써 그리고 그 밖의 다른 단서들에 의하여 해독될 수 있다.[123]

법치국가의 텍스트구조는 규범지향적 결정을 위하여 또한 실정헌법의 규범의 중요성을, 특히 민주주의원리와 법치국가원리의 주위로부터, 해명한다. 기본법으로부터 부분적으로는 직접적으로, 부분적으로는 기본법과 병행하여 관습법적으로, 부분적으로는 어쩌면 그것을 넘어 헌법이론적으로 뒤따르는 방법적 요청은 직접 규범적인 규칙으로서 또는 최소한 규범과 관련되는 규칙으로서 규범이론, 해석론 그리고 방법론의 비규범적 구조화와 겹친다. 이와 같은 것은 규범영역의 선택에 있어 사항영역에 대하여 규범프로그램이 가지는 조종작용과 선택작용에서 표현된다. 더 나아가서 이와 같은 것은 허용되는 구체화의 규범프로그램한계 내지는 규범텍스트한계에서, 개별적인 구체화요소들 간의 방법론적 충돌에서, 직접적으로 규범텍스트와 관계되지 않은 논거에 대한 직접적으로 규범텍스트와 관계된 논거의 우위에서 표현된다.[124] 텍스트구조는 또한 법텍스트가 가지는 언어성의 이

---

123) 같은 곳; 더 나아가서 ders., Juristische Methodik und Politisches System, 1976; ders., Die Einheit der Verfassung, 1979. — 그러한 구성적 헌법학의 가능성에 대하여는 예컨대 *Krawietz*, Rechtstheorie 7(1976), 118f.; *Dubischar*, DÖV 1977, 455; *Schlink*, Rechtstheorie 7(19766), 94ff.; ders., Der Staat 19(1980), 75ff., 95ff.; *Öhlinger*, Österreichische Zeitschrift für Politikwissenschaft 1981, 494f.

124) 그에 대하여는 F. *Müller*, Juristische Methodik, 2. Aufl. 1976, 153ff., 180ff., 186f., 198ff., 264ff. — 이러한 맥락에서 헌법과 헌법이론의 가능한 공동작용에

중적 형태에서도, 한편으로는 예컨대 구성요건의 확실성, 법적 진술, 소급효금지와 같은 규범들과 다른 한편으로는 예컨대 근거제시의무와 방법의 성실성과 같은 규범에 상응하는 **명령적** 텍스트와 **정당화적** 텍스트의 구별에서도 나타난다.125)

'특히'(par excellence) 명령적 텍스트로서의 **규범텍스트**는 한편으로는 다음과 같이, 즉 행정절차나 사법절차 외부에서 규범텍스트의 준수를 통하여 규범지향적 일상적 사회현실에 커다란 영향력을 행사함으로써, 따라서 규범과 관련된 사람들의 입장에서 비공식적인 결정과정을 야기함으로써 **비공식적으로** 작용한다.126) 또한 그것 때문에 전혀 소송에 이르지 않는 **규범텍스트의 준수도** 비록 전문적인 의미에서는, 즉 여기서는 규범텍스트에 복종, 순응, 화해, 타협함으로써는 아니라 하더라도, 규범구체화이다. 그밖에는 명령적 규범텍스트는 **공식적으로**, 즉 국가에 의하여 고용된, 법적으로 그렇게 할 권리가 있는 기능담당자에 의하여 수행되는 구체화과정을 위한 출발자료로서 설명된 의미에서 작용한다.

전체적으로 볼 때 법(규범)이론, 헌법이론, 방법론과 해석론을 이렇게 체계적으로 결합함에 있어 중요한 것은 정태적 구상, 관례적 개념단위들을 서로 전위(轉位)시키는 것이 아니고, 예컨대 더 나아가서 오직 "규범성"을 텍스트의 속성으로 이해하고 오직 법규범에 규범텍스트를 차용한다는 의미에서 "법규범"과 "규범텍스트"를 이해하는 것이 아니다. 오히려 구성법학의 기본주장127)은 규범성을 과정으로 그

　　　대하여는 *Schlink*, Bemerkungen zum Stand der Methodendiskussion in der Verfassungs-
　　　rechtswissenschaft, Der Staat 19(1980), 73ff., 94, 95ff.

125) 예를 들면서 명령적 법텍스트와 정당화적 법텍스트를 체계적으로 구별하고 있는 것은 F. *Müller*, Juristische Methodik und Politisches System, 1976, 95ff.

126) 그에 대하여는 F. *Müller*, Juristische Methodik, 2. Aufl. 1976, 104.

127) 이러한 법이론의 성격묘사에 대하여는 F. *Müller*, Strukturierende Rechtslehre,

리고 이 과정을 실제의 결정절차로 이해하는 데 있다. 구성법학은 **행위학설**인 한에서 스스로를 "**동태적**"이라 한다.

법에 의하여 사회를 조종함에 있어 입법기관은 헌법적으로 특별히 정당화된 한정된 예외적인 경우에만, 즉 선거심사 결정과 면책특권 결정에서만 사법이나 행정의 방법에 따라 결정규범을 정립하는 데까지 개별 사례들을 형성할 수 있다. 일반적으로 입법기관은 자신의 정치적 견해를 추상적 문언의 수준까지만 법적으로 구속력을 가지는 형태로 표현해도 된다. 규범서열의 모든 단계에서 "법률"제정은 규범텍스트정립이다. 의회는 가능하면 문언을 정확하게 표현하고, 내적 목표와는 달리 바람직하지 않은 예외를 적절한 체계에 의하여 차단하고 그리고 자신의 견해가 개별적인 사례에서 나중에 최대한 실현되도록 입법학을 사용할 것을 시도할 수 있다. 그러나 입법부는 텍스트구조의 틀 내에서 **법규범과 결정규범의 텍스트**가 사법기관과 행정기관에 의하여 정립되고 입법기관에 의해서는 오직 **규범텍스트**만이 정립되는 결과에 이르는 원칙적인 체계에 의하여 주어진 기준을 변경할 수 없다.

그러나 거꾸로 규범텍스트의 생산은 또한 "법률"제정기관에만 위임되어 있고 — 다시금 규범텍스트 형성의 체계적으로 한정된 예외경우에는 집행기관(법규명령, 행정규칙) 내지 사법기관(결정의 법규적 효력)에 위임되어 있다. 그러므로 **규범구조적으로** 법관법의 특징은 수범자를 구속하는 국가행위를 **정당화하는 텍스트**(결정이유)는 법관법에서는 권력분립의 규범적 체계에서 바로 그러한 경우를 위하여 규

1984, 예컨대 321ff., 328ff., 431ff. "규범성"이란 개념에 대하여는 같은 곳, 예컨대 16f., 66f., 122f., 147f., 256ff.; 동태적 구상으로서의 "규범성"에 대하여는 같은 곳, 17, 261ff., 267f. 원문에서 계속되는 입법을 규범텍스트정립으로 보는 관점에 대해서는 같은 곳, 예컨대 270ff.

정되어 있는 **명령적 텍스트**에, 정당화원천으로서의 규범텍스트를 근거로 할 수 없다는 점에 있다. 법규범과 결정규범은 입법부가 규정한 문언에 환원될 수 없고 오직 법원이 독자적으로 도입한 유사규범텍스트를 근거로 해서만 제시된다. 법관은 실제로 그러한 경우에는 스스로 현행법의 수범자로, 즉 권력분립규정의, 권한규정의, 기속적 규범의, (현존하는) 소송법과 (흠결되어 있는) 실체법의 상호작용의 수범자로 행동할 것을 거부한다. 절차에 참여하고 있는 다른 자들, 즉 결정규범의 수범자만이 법에 기속되는 자로 취급될 뿐 결정하는 자는 법에 기속되는 자로 취급되지 않는다. 그러한 행위는 법치국가를 정당화하는 기본가정, 즉 자기편에서 기속되는 자에 의한 기속이라는 기본과정의 예외이다. 사법권과 집행권에 대하여 헌법에 근거를 두고 **발효된 규범텍스트가 효력을 주장한다는 것**은 사법권과 집행권이 모든 해당되는 경우에 그러한 규범텍스트를 그들의 구체화작업의 출발자료로서 끌어들이고 진지하게 생각하는 데 있다. 이러한 작업, 특히 법관의 작업은 거의 언제나 법률실증주의의 논리적 모델과는 매우 거리가 있고 일반적으로 결코 순수한 포섭에서 끝나지 않는다. 그 작업은 법을 사회의 공동생활에서 사실상 실현하기 위하여 **상대적으로** 독자적이고, 내용적으로 창조적이며, 체계적으로 필수적이다. 그러나 그 작업은 그 사건과 관계있는 규범텍스트를 결정의 출발단위로 끌어들이고 그 결정의 결과를 이 문언의 제한적 기능에 따라 최종적으로 검토하고 또한 그 결과를 다른 문언에 의하여 검토되도록 하여야 할 구속을 받는다. 실증주의적 결정모델에 대한 질문, "포섭이냐 구체화냐"라는 질문은 법관법적 행위의 허용성의 문제와는 아무런 관계가 없다.

그럼에도 불구하고 법관법이 정립된다는 사실은 실정법질서의 **효력구조**로 불리는 것에 대한 이론적으로는 명료한, 그에 반하여 규범적으로는 덜 반가운 예를 제공한다.[128] 이로써 생각되는 바는 다음과 같은 것이다. 여러 관점들 중에서 실정적으로 발효된 법질서는 항상 **효력과 무효**의 연속을 나타낸다는 것, 그리고 그것도 위법행위와 법률위반은 예컨대 사실상 발생하고 그런 것으로서 낙인찍혀 투쟁의 대상이 될 뿐만 아니라 또한 그것들이 헌법학설에 의해서는 더 정확하게 구별되는 다른 측면에서는 반대로 법체계를 안정시키기도 한다는 것이다. 법관법적 결정행위에 있어서는, 또한 사법에 의하여 그런 것처럼, 권력이, 즉 국가권력의 특정한 기능방법이 행사된다. 그와 동시에 몇몇 사건에 중요한 규범들 ─ 권력분립규정과 기속적 규정들에서 시작하여 실체법의 특정 규범텍스트가 흠결되어 있는 경우에 특정의 법률효과를 규정하고 있는 소송법적 규정들(무죄판결, 절차의 정지, 소의 기각 그리고 유사한 것) ─ 과 관련해서는 법원이 독단적으로 **무효**를 선언한다. 다른 상황에서는 규범에 반하는 것으로 분류된 대응방식이, 이곳에서는 법관법이 문제되기 때문에, 예외적으로 합법적인 것으로, 법질서를 풍부하게 하고 강화하는 것으로, 현대국가에서는 "바로 필수적인 것"[129]으로 의당 효력을 가져야 한다.

---

128) 그에 대하여는 *F. Müller*, Juristische Methodik und Politisches System, 1976, 82ff., 특히 98ff., 103f.

129) BVerfGE 65, 182ff., 190.

제 4 장

법관법의 허용

제1절 헌법이론과 헌법의 공개토론에서 지배적 학설

합리적 법적 방법론은 법규범과 결정규범을 형성하는 학적 실천적 기술이자 동시에 결정규범을 법규범에 귀속시키고 법규범을 규범텍스트에 귀속시키는 학적 실천적 기술이다. 그와 동시에 방법론은 상이한 서열의 법규범 상호간을 측정하고 법관법적 규정들을 계발하는 데 방침을 지정한다.[1] 법치국가적 방법론의 판단기준에 따라 법규범과 결정규범이 현행법의 문언에 귀속될 수 없고 법규범과 결정규범이 법원에 의하여 발명되고 유사-규범텍스트로 만들어지는 곳에서만 법관법의 경우는 존재한다. 그에 반하여 법관법은 일반조항을 구체화하는 (그에 대하여는 앞의 제3장 제3절 4) 법원의 과제와 더 나아가서 명백하게 부당한 판결의 경우(그에 대하여는 앞의 제3장 제3절 3)를 문제 삼지 아니한다.[2] '실정법에 반하는'(contra legem) 결정은 **법률의 우위**에 저촉된다. 법관법의 한 부분의 특징을 이루는 '실정법을 보충

---

1) F. *Müller*, Fallanalysen zur juristischen Methodik, 1974, 20f.; ders., Juristische Methodik, 2. Aufl. 1976, 263 — 그와 함께 법원에 의한 법관법적 결정행위에 있어서는 법규범(뿐만)이 아니라 또한 유사규범텍스트도 정립된다는 것은 정정되어야 한다.

2) 예컨대 *Th. Vogel*, Zur Praxis und Theorie der richterlichen Bindung an das Gesetz im gewaltenteilenden Staat, 1969, 39ff. 실정법에 반하는 결정의 목록을 작성하려는 시도를 하고 있다.

하는'(praeter legem) 결정의 경우에는 **법률의 유보**에 대한 질문이 제기된다. 동시에 실정법을 따르는 법관법의 정립에 있어서는 — 예컨대 '아마추어 승마기수 전통'에서 그런 것처럼 또한 비록 영향력이 크지는 않았지만 파산에서 사회정책적 청구권의 지위에 대한 노동법원의 판결에서 명확하듯이 — 법률의 우위와 유보라는 규범적 척도가 누적된다.

그러므로 이른바 **법률수정적** 법관법의 경우에만 허용되는 구체화의 법치국가적으로 유월할 수 없는 한계를 규정하는 단서로서 문언의 소극적 기능이 문제된다. 그에 반하여 이른바 **법률보충적** 법관법에 있어서는 최초의 그리고 포기할 수 없는 어쨌든 관습법을 통하여 대체할 수 있는 합법적 구체화과정의 출발점인 규범텍스트의 적극적 과제가 문제된다. 법률보충적 법관법의 경우에는 그러한 규범텍스트는 존재하지 않는다. 법률수정적 법관법의 경우에는 법관법적 결정은, '아마추어 승마기수 전통'에서 민법 제253조에 저촉되었듯이, 동시에 현존하는 규범텍스트에 저촉된다. 그에 상응하여 헌법적으로는 한편으로는 법률의 유보가 침해되고, 다른 한편으로는 법률의 우위가 침해된다. (계약체결상의 과실 culpa in contrahendo과 적극적 계약침해 또는 적극적 채권침해에 대한 제국재판소의 판결과는 달리) 헌법재판은 출발하는, 아직은 관습법으로 견고해지지 않은 판례를, 결과적으로 정당하게 연방노동법원 대합의부의 '사회정책 판결'을 파기하고 물론 '소라야 결정'과는 반대로 또한 '아마추어 승마기수 전통'을 파기했었어야 하듯이, 허용되지 않은 것으로 단언해야 한다는 것이 증명되었다.

법률을 보충하는 내지는 실정법에 반하는 법관의 대응방식은 **방법론적으로** 구별될 수 있다. **법이론적으로는** 그러한 법관의 대응방식은, 법관법의 좁은 시각에서는, 등가(等價)이다. 두 가지 경우에 법규범과 결정규범은 의식적으로 그러한 경우와 방법적으로 결합될 수 없는 규범텍스트 없이 정립되며, 그와 동시에 또한 법관법도 주어져 있지 않다. **헌법적으로는** 법률수정적 법관법이 문제되는 곳에서 법률의 유보가 침해되면 법률의 우위도 침해된다.

연방헌법재판소는 '사회정책 판결'에서 예컨대 '법관의 법계속형성'과 그 산물인 '법관법'의 이름으로 허용되는 대응방식에 **한계**를 긋지 않았다. 오히려 동 재판소는 뜻하지 않게, 체계적 표현방식에서는 정확하지 않게 한 것처럼 사건에서는 정확하게, '법관의 법계속형성' 절차와 그 산물인 '법관법'이 **허용되지 않는다는 것**을 고수하였다. 왜냐하면 동 재판소는 스스로가 이곳에서 그은 경계선 때문에 의미 있게 도저히 '법관법'을 언급할 수 없었기 때문이다.

이러한 경계선을 근거로 구체화한다는 것이 문제된다. 그 결론, 즉 법규범과 법규범으로부터 개별화된 결정규범(법원의 소송절차에서는 결정주문)은 현행법의 하나 또는 여러 개의 해당 규범텍스트에 의거하여 방법적 분류작업을 통하여 정당화되어야 한다. 구체화한다는 것은, 이미 의당 "계속형성"이 언급되어야 한다면, 추상적인, 입법자에 의하여 규정된 문언을 계속형성하는 것이지 "법"을 계속형성하는 것이 아니다. 법규범과 결정규범의 형태를 취하는 법은 이 작업과정에서 비로소 — 그리고 그것도 해당 규범텍스트의 적극적 그리고 소극적 기능을 정확하게 지향하여, 방법과 관련된 또는 최소한 방법적으로 중요한 (특히 헌법차원에서는 법치국가의 그리고 그밖에는 소송법의) 규범들과 결합하여 그리고 법치국가적 규범들을 충족하는, 실감 있게 체험할 수 있는 방법론을 이용하여 — 형성된다. "실증주의적 포섭모델이 실패 — 그러므로 법관법이 허용된다"는 관례적인 결론은 거짓이다. 그에 반하여 "포섭 대신 구체화 — 그러므로 더 이상 구체화하지 않고 스스로 규범텍스트를 정립하는 법관의 행위는 허용되지 않는다"라는 진술이 논리 일관적이다.

이 마지막에 표현된 진술은, 이 연구가 가리키는 것처럼, 법이론과 방법론으로부터만 나오는 결론이 아니다. 양자는 물론 현상을 표현하고 대답을 준비하는 데 중요한 도움을 준다. 그에 반하여 그 진술 자체는 규범적으로 근거가 부여되었다. 그 진술은 헌법적 원칙의 결과이며, 그 원칙을 체계화하는 데는 기본법에 기속되는 규범관련적 헌법이론이 기여한다.

여느 때와 마찬가지로 실정법적 예외가 가능하다. 그러한 예외는 특별법에 의하여 규정되며 예외를 인정하는 원칙규정들과 규범서열에서 같은 위치에 있다. 국제사법재판소의 지위에 관한 제38조 제1항 d호는 기본법 하의 국내법에서 법관법의 문제에 대하여는 해당되지 않는다. 그에 반하여 연방헌법재판소법 제31조 제2항에는 예외가 있을 수도 있다. 동 조항에서 추상적 규범통제의 경우에는 기본법 제93조 제1항 제2호에 따라, 구체적 규범통제의 경우에는 기본법 제100조 제1항에 따라, 국제법에 대한 규범통제의 경우에는 기본법 제100조 제2항에 따라 그리고 구법의 연방법으로서의 계속효력에 대하여 의견대립이 있을 때에는 기본법 제126조에 따라 연방헌법재판소의 결정이 "법률로서의 효력"을 가진다면, 그것은 법이론의 개념에서는 이 모든 경우에 헌법재판소의 판결주문, 그때그때의 결정규범은 앞으로 규범텍스트처럼 준수되어야 한다는 것을 의미한다. 똑같은 이야기가 연방헌법재판소가 어떤 법률을 기본법과 합치된다거나 합치되지 않는다거나 또는 무효라고 선언하는 경우 기본법 제93조 제1항 제4a호와 제4b호에 따른 헌법소원에 적용된다. 이 규정들은 연방헌법재판소에 대한 법전편찬의 형태로 법률차원에 머물러 있지만 기본법의 언급된 조항들에 직접 근거하고 있다. 그러므로 예외가 문제될 수도 있을 경우에 그 규정들은 바로 법관법적 행위를 헌법적으로 금지하는 데 대한 예외일 수 있을 것이다. 그러나 더 주의해서 보면 이곳에서 연방헌법재판소에 규범텍스트를 정립할 권한이 주어져 있지만 그것은 일차적으로 연방헌법재판소에 의하여 발전된 결정규범의 단계에서 그런 것이지, 그에 반하여 구체화과정의 출발에서 이미 그런 것이 아니라는 것이 증명된다. 추상적 규범통제에서부터 헌법소원에 이르는 앞에서 언급된 절차에서 결정함에 있어 연방헌법재판소는 예컨대 자신의 법규범과 결정규범을 진술함에 있어 스스로가 정립한 규범텍스트를 지침으로 삼는다는 의미에서 "법관법적으로" 대처해서는 안 된다. 오히려 규범텍스트를 제공하는 것은 전적으로 기본법 내지는 그밖에 기본법 제93조 제1항 제2호, 제93조 제1항 4a호와 4b호, 제126조에서 언급되어 있는 척도규범들("연방법")이다. 그에 대하여 규범텍스트의 정립이 구체화작업의 **출발자료**로서 생각될 수도 있는 경우에만 예외적으로 허용되는 법관법이 문제될 수도 있을 것이다. 그러나 이곳에서는 오직 실정법규정에 의하여(정확하게 연방헌법재판소법 제31조 제2항에 의하여) 결정규범에 규범텍스트의 효력을 부여하는 것만이 문제되고 있다. 또한 연방헌법재판소법 제31조 제1항에 따라 모든 법원과 행정청 및 연방과 지방(支邦)의 헌법기관이 연방헌법재판소의 재판에 기속되는 것도 법관법과 아무런 관계가 없다. 똑같은 이유에서 판결의 다른 부분에 개별법적으로 기속되는 것[3]은 이 연구의 관심사항이 아니다.

또한 "판결의 통일성을 유지하거나" 또는 "통일적인 사법을 확실하게" 하는 데 대한 권한(예컨대 기본법 제95조 제3항, 행정법원법 제11조 제4항)도 법관법과 관계가 없다. 그에 반하여 법관법은 보통 규범텍스트에서 "법의 계속형성"이나 "법계속형성"이 언급되고 있는

---

3) 그에 대하여는 예컨대 *Olzen*, Die Rechtswirkungen geänderter höchstrichterlicher Rechtsprechung in Zivilsachen, JZ 1985, 155ff., 156f.

곳에서 가정된다.4) 그러한 임무를 부과하는 소송규범들은 기본법에 그에 상응하는 규범텍스트가 결여되어 있기 때문에 헌법적 상황에 의지하여야 한다. 또한 법률에 의하여 의도된 법의 계속형성도 법치국가적 제 원칙에 따라 이미 존재하는 입법적 문언에 귀속될 수 있고 그에 반하여 법관법의 방법으로 그러한 규범텍스트를 자유롭게 정립할 수 없는 법규범과 결정규범의 정립에서만 존재해도 된다. 소송법은 규범질서 내의 서열차이에 반하여 기본법 제20조 제3항과 제97조 제1항의 기능분배 및 기속규정을 어길 수 없다. 그러한 의도가 법원조직법 제137조나 행정법원법 제11조 제4항과 결합되는 한, 이 법문들은 그러한 법문들에 의해서도 법관법적 결정행위는 정당화될 수 없다고 헌법합치적으로 해석되어야 한다. (기본법 제80조의 틀 내에서 법규명령에 의한 규범텍스트정립과는 달리 연방헌법에 명시적으로 규정되어 있지 않은) 자치입법과 병렬적으로 수권적 포괄규범의 의미에서 언급된 소송법적 규정들을 해석하는 것은 모험적인 것으로 생각될 것이다. 왜냐하면 사법은 직접적 국가행정과 마찬가지로 직접 조직된 국가기능임에 반하여 관례적 형태의 자치입법권은 공법상의 법인에게 유보되어 있기 때문이다. 일단 이러한 원칙적인 이의를 도외시한다면, "법계속형성"에 대한 언급된 소송법적 요청들은 기본법 제80조 제1항 제2문의 틀 내에서 정립되는 법규명령과 자치입법에 대한 비슷한 판단기준에서와는 달리 또한 목표, 목적 그리고 그 밖의 최소한의 원칙에 따르더라도 거의 영향을 받고 있지 않다. 사법의 영역에서 국회의 절차 밖에서 정립된, 규범텍스트에 의한 모든 내용적 사전조종 없는 법관법은 또한 이미 규범적 구체화의 창조적 성격을 고려할 때 '현행법의 관점에서 볼 때'(de lege lata) 해당 영역에서 의회에 더 이

---

4) 특히 법원조직법 제137조 이하, 행정법원법 제11조 제4항, 회계법원법 제11조 제4항, 사회법원법 제43조, 노동법원법 제45조 제2항.

상 어떤 기능유보도 위임하지 않은 관청법으로 될 것이다. 사법은 기본법의 민주적 질서에서는 집정관으로, 사법의 법관법은 기능적으로 민주적으로 성립되고 책임을 지는 법문(규범텍스트)의 집합을 제압하는 관청법적 포고로 되어서는 안 된다.5)

사법권은 — 사건을 결정하는 한에서 또한 집행권도 — 실증주의 이후의 법이론과 방법론의 의미에서 중요한 법정립적 과제, 즉 규범텍스트를 지향하여 결정주문뿐만 아니라 또한 법규범을 생산하는 권한을 가진다. 그에 반하여 사법권은 규범텍스트를 정립할 권한은 없다. 거꾸로 현존하는 현행 규범텍스트의 기초 위에서 사실적인 방법론에 의하여 획득되는 모든 것과 또한 삼단논법과 포섭을 넘어서는 모든 것은 어떤 법관법도 제시하지 않는다. 연방헌법재판소가 '소라야 결정'6)에서 주장했듯이 기본법 제20조 제3항이 실제로 또한 방법론적으로도 이해될 수 있다면, 그 결론은 법관법이 아닌 규범구체화라는 실증주의 이후의 구상에 이르게 된다. "엄격한 법률실증주의"냐7) 아니면 "또한 법관에 의한 규범텍스트정립"이냐 라는 양자택일은 견지될 수 없다. 기본법 제20조 제3항은 "법률과 법"이라는 정식에서 성문법 외에 관습법을 나타내고 있고, 그리고 이미 그렇기 때문에 헌법재판소의 테제는 의심스럽다. 그 테제가 옳다고 하더라도 엄격한 법률실증주의를 넘어가는 것이 추천할만하다고 하는 것은 기본법 제20조 제3항을 수권규범으로 재해석하는 것이 허용되지 않는다는 것과 아무런 관계가 없다. 기본법 제20조 제3항은 사법권과 집행

---

5) 그에 대하여는 "법왜곡에 의한 결정" 및 "법복종에 의한 결정"의 유형에 대한 예를 근거로 F. *Müller*, Juristische Methodik und Politisches System, 1976, 19ff., 24ff.

6) BVerfGE 34, 269ff., 287.

7) 같은 곳, 286.

권("법률"에 대한 기속만을 언급하고 있는 기본법 제97조 제1항을 통하여 사법을 위하여 특별하게 보완되고 강화된)을 **규범에** 그리고 그것도 법치국가의 텍스트구조에 특유한 **규범텍스트에** 구속력 있게 지향하는 방법으로 **기속시키고** 있다. 그에 반하여 기본법 제20조 제3항은 기본법 제97조 제1항과 마찬가지로 **규범을 정립하는 데 대한**, 더 정확하게는 **규범텍스트의** 정립에 대한 권한규범으로 왜곡될 수 없다.

법관법이론의 옹호자, 더 나아가서 그 실천자는 법관법의 정립은 비공개적이건 공개적이건 **법에 반하는 행위**임을 인정하여야 한다. 그들은 법관법에 의하여 끌어들여진 규범텍스트와 그에 근거를 둔 판결이 위법이 아니고 따라서 그것을 극복해서는 안 된다고 주장할 것이 아니라, 오히려 그러한 판결은 적법하고 그러므로 의심스러운 경우에는 물론 장래에도 그러한 판결을 존중하거나 더 정확하게 말하자면 따라야 한다고 주장하여야 한다.

특히 법관법의 실제는 이러한 의미에서 행동하고 논증하고 있다. 제국재판소는 동시에 계약체결상의 책임에 대한 두 번째 결정에서 자신의 첫 번째 전통8)을 원용하고, 이러한 전통을 계속 고수하면서 자신의 법관법적 행위에 대하여 그에 상응하는 태도를 취하고 있다. 연방대법원은 한편으로는 제국재판소를, 다른 한편으로는 자기 자신을 근거로 하고 있으며, 연방헌법재판소는 제국재판소와 연방대법원 및 법관법이란 주제에 대한 자기 자신의 관례를 동시에 근거로 하고 있다.9)

---

8) RGZ 53, 200ff.; 예컨대 또한 RGZ 66, 289ff. 참조; 개척자 결정(Die Pionierentscheidung): RGZ 52, 18ff.

9) BGHZ 11, 80ff.; 13, 334ff.; 26, 349ff.; 35, 363ff. 더 나아가서 예컨대 RGZ 78, 239ff.; 113, 413 참조. — 연방헌법재판소의 판결에 대해서는 BVerfGE 34, 269ff. (소라야)에 비하여 BVerfGE 65, 182ff.(파산에서 사회정책).

실무는 법관법 문제에서 자신의 행위에 공적 규범텍스트정립이라는 도장을 찍는 데 전혀 문제점이 없는 것으로 생각하고 있다. 최고법원은 "최고 법원의 활동의 속성상 일반적 법원칙을 정립하는 것"을 전적으로 자연스러운 것으로 확인하였다.[10] "어떻든 법률가들 사이에서는" "현실화된 법은 성문법과 법관법의 혼합물"을 나타내고, "결코 입법자가 정립한 법과 일치한 적이 없다"는 점에 대하여 "어떠한 의문도 있을 수 없다"[11]는 주장은 규범텍스트와 법규범/결정규범의 혼동을 고집하는 데 그 원인이 있다. 그러한 혼동이 밝혀져 있다면 이 인용문은 평범할 뿐만 아니라 옳다는 것이 증명된다. 그 인용문은 법관법에 대해서는 어떤 것도 이야기하지 않으나 아마도 구체화와 포섭의 차이에 대해서는 이야기한다. 연방헌법재판소가 '평등취급 판결'에서 방향제시적 원칙들, 여기서는 기본법 제3조 제2항을 토대로 한 흠결보완은 "관례적이고 항상 극복되어야 할 법관의 과제"라는 것을 지적함으로써 법관에게 "창조적인 법발견"을 통하여 법률의 흠결을 보완할 것을 명령하고 있다면[12] 그 본질에 따라서가 아니라 오직 그 언어형태에 따라 그러한 의견의 표명은 법관법의 진정한 경우에 관한 것이다. 그럼에도 불구하고 그 대신 문제되고 있는 것은 방법론적 특수성을 내보이는 그러나 법관법적 성격을 갖지 않는 일반조항의 구체화인 것이다(그에 대하여는 앞의 제3장 제3절 4).

실무의 자기진술은 최고법원의 판결이 자신이 정립한 규범텍스트를 입법부가 정립한 문언처럼 취급할 뿐만 아니라 또한 자신이 정립한 규범텍스트를 입법부가 정립한 문언으로 사칭하는 곳에서 더욱 분명해진다. 연방행정법원은 법관법적인 "행정법의 일반원칙들"을 행정

---

10) BVerfGE 26, 327ff., 337.

11) Jahresbericht 1966 für den Bundesgerichtshof, NJW 1967, 816.

12) BVerfGE 3, 225ff., 243.

법원법 제137조의 의미에서 개정 연방법으로 분류하였다.13) 연방사회법원은 똑같은 "행정법의 일반원칙들"을, 그것들이 "지속적인 판결에 따르면 성문규범들처럼 적용되기 때문에,"14) 즉 의회가 정립한 규범텍스트처럼 적용되기 때문에, 즉시 사회법원법 제77조의 의미에서 "법률"로 간주한다.

기능주의에 관심을 갖고 있는 법사회학자15)는 법관법의 문제에 대하여 전략적인 언급을 함에 반하여, 법관법의 옹호자는 이런저런 형식을 취하고 있는 법관법의 정당성과 대결하여야 한다. 그러나 옛날부터 법관법적 행위의 합법성에 대한 의심이 법관법-낙관상태의 정중앙(正中央)에 놓여 있는 가시였고 그러한 상태가 지금도 계속되고 있기 때문에, 법관법은 성문법과 관습법과 더불어 독자적인 제3의 법원(法源)이라고 감히 말하는16) 것은 비교적 희소한 경우에만 가능하다.

---

13) 예컨대 BVerwG DÖV 1971, 857; BVerwG DVBl. 1973, 373 — 물론 의문시되는 법관법적 규범텍스트를 연방헌법으로부터 추론되는 것으로 정당화하려는 시도이다.

14) BSG DVBl. 1963, 249; 더 나아가서 BVerwG DÖV 1961, 382. — 사회법원법 제77조는 다음과 같다: "행정행위에 대하여 법적 이의가 제기되지 않거나 실패한 경우에는 법률에 다른 규정이 없는 한 그 행정행위는 사건의 당사자를 구속한다."

15) *Luhmann*, Rechtssoziloogie, 2. Aufl. 1983, 203: 법관의 결정은 "분업적 기능사회에서 입법과 함께 법을 선택하고 그리고 그럼으로써 법을 실정화한다." 그와 동시에 입법에 대한 존중은 "법관의 구속뿐만 아니라 자유도" 결정할 것이다; 법관은 "입법을 수정하는 것이 가능하다면 모험적인 법발전을 대담하게" 할 수 있어야 할 것이다.

16) 그에 대하여는 *Kruse*, Das Richterrecht als Rechtsquelle des innerstaatlichen Rechts, 1971; *Germann*, Probleme und Methoden der Rechtsfindung, 2. Aufl. 1967, 272f.; *Rüberg*, Vertrauensschutz gegenüber rückwirkender Rechtsprechungsänderung, 1977, 86; 더 나아가서 *Olzen*, Die Rechtswirkungen geänderter höchstrichterliche Rechtssprechung im Zivilsachen, JZ 1985, 155ff., 159 — "법관법에는 일반적인 구속력"이 결여되어 있기 때문에 법관법은 "물론 형식적 법률의 지위를 주장

법률로부터 자유로운 법관의 행위는 독립적인 법원을 나타낸다는 또 다른 유형의 테제는 문제점을 우회하는 데서 표현된다. 법관법은 오해의 여지가 없이 존재하는 것으로, 법적 논거가 더 이상 필요하지 않은 것으로 사칭된다. 법관법은 현행법이 "흠결"되어 있는 경우에만 형성되기 때문에 특수한 정당성의 문제를 제기하지 않는다는 것이 무언중에 암시된다. 법률의 완전성이 아닌 "법질서의 무흠결성"을 근거로 법관은 해석을 통해서 추론할 수 없는 성문법, 즉 현존하는 규범텍스트의 흠결이 있는 경우에 법관은 "모든 그 밖의 법질서와 관련하여 그가 입법자라면 옳은 것으로 간주할 법문(정확하게는 규범텍스트)을 가정한다"고 한다. 그리고 이러한 자유로운 법형성은 의당 "현행법에 명확한 규칙이 포함되어 있지 않은 때에만 시작되어야 한다"고 한다.[17]

"새로운 문제에 적합한 규범의 정립을 통하여" 흠결을 제거하는 것은 "법관의 임무"라는 것이다. 그러한 규범의 정립은 문제에 적합하여야 하고 게임에 처해 있는 이해관계의 발전을 통하여 그리고 정의의 제 원칙을 파악하여 법을 비교함으로써 수행되어야 한다.[18] 법

할' 수 없을 것이라는 불명료한 추가에도 불구하고. — 이미 *Isay*, Rechtsnorm und Entscheidung, 1929, 246 참조: "법률적인 규범과 법관법적인 규범 사이에는 본질적인 차이를 인정할" 수 없을 것이다. 또한 같은 책, 186도 보라: 법관은 — 국가의 입법자와 나란히 — "규범을 정립하는 자리"이다. — 그 밖의 보고는 *Larenz*, Methodenlehre der Rechtswissenschaft, 4. Aufl. 1979, 424.

17) *Ehrlich*, Freie Rechtsfindung und Freie Rechtswissenschaft, 1903, 25f., 21 — Ders., Grundlegung der Soziologie des Rechts, 3. Aufl. 1967, 139: 결정하여야 할 사건에 대해서 어떤 법문도 존재하지 않는 경우에 법관에게 남겨진 일은 오직 "소송에서 문제되는 관행, 지배관계와 법률관계, 계약, 정관, 유언의 지시를 확인하고 그것을 근거로 독자적으로 결정규범을 발견하는 일"일 것이다. — 에를리히 Ehrlich는 "결정규범"을 행정관청과 사법관청의 공무원에 대한 지시로 이해한다. — 법이론적 그리고 방법론적 관점에서 에를리히의 입장에 대하여는 *F. Müller*, Strukturierende Rechtslehre, 1984, 예컨대 31, 79.

관법의 정당성을 자명한 것으로 가정하면 다음과 같은 이야기를 하게 된다. 법관법은 법률내용을 인식하는 원천으로서 "실정법과 그 제도들의 일부분"[19]을 형성하며, 제 원리가 법형석적 행위에 의하여 형태를 갖추자마자 그 원리들은 실정법의 속성을 취하였을 것이라고 한다. 또한 이러한 이야기는 표현된 규범텍스트의 민주적 그리고 법치국가적 우선적 효력을 존중하지 않는다는 것을 단순히 기술하는 것을 넘어선 것이다.

종종 의식된, 그럼에도 불구하고 정당성에 있어서 평형을 이루지 않은 당위를 최소한 어느 정도 조정하기 위하여 대개 — 법관법이 원칙적으로 우려할 필요가 없다고 추정되는 경우에는 — 법관법의 "한계"가 추적된다. 물론 그렇게 하는 것은, 예컨대 자체로서 **유보 없이** 보장된 기본권이나 '실정법 보충적으로'(praeter legem) 그리고 '헌법 보충적으로'(praeter constitutionem) 허용되는 관습법에서 그런 것

---

18) *Coing*, Grundzüge der Rechtsphilosophie, 2. Aufl. 1969, 340f. — 법관법적 요청을 그 정당성을 문제 삼지 않고 "흠결"에 한정하는 것으로는 예컨대 또한 *Larenz*, Richterliche Rechtsfortbildung als methodisches Problem, NJW 1965, 1ff. — 심지어 이른바 법적 비상사태의 경우에 실정법에 반하는("법률개정적 법계속형성") 법관법을 포함하여; 그리고 ders., Methodenlehre der Rechtswissenschaft, 5. Aufl. 1983, 예컨대 351, 354ff., 397 — *Zweigert*, Die rechtsstaatliche Dimension von Gesetzgebung und Judikatur, in: Verhandlungen des 51. DJT(1976), Teil K, 예컨대 11, 13f.에서는 법관법의 정당성은 논의되지 않은 채 간주되고 있고 효율성의 관점에만 축소되어 있다.

19) *Esser*, Richterrecht, Gerichtsgebrauch und Gewohnheitsrecht, in: Festschrift für Fritz v. Hippel, 1967, 95ff., 예컨대 115, 129f.; ders., Grundsatz und Norm in der richterlichen Fortbildung des Ptivatrechts, 3. Aufl. 1974, 예컨대 132ff., 248, 279. 또한 정서된 귀환의 암시에 대하여는 ders., Unmerklicher und merklicher Wandel der Judikatur, in: Harenburg/Podlech/Schlink(Hrsg.), Rechtlicher Wandel durch richterliche Entscheidung, 1980, 217ff., 218, 220(판결의 점진적인 결의론적 決疑論的 변화를 통한 "미시적" 微視的 법의 새로운 형성, 입법자에 의한 "거시적" 巨視的 법의 새로운 형성).

처럼 또한 민주적 입법에서도 그러하듯이(예컨대 기본법 제20조 제3항, 제93조 제1항 제2문 참조), 모든 법에는 한계가 있기 때문에 반드시 문제에 기여하지는 않는다.

그밖에 흠잡을 데 없는 법관법의 그러한 "한계"는 "정당성"(그럼에도 불구하고 바로 문제되는!)의 명령, 더 나아가서 "객관성, 합리성, 안정성, 계속성과 공개성"의 명령으로 구성되어 있다.[20] 또는 법관법적으로 정당화된 판결이란 요청은 의당 "구성, 논증, 정당화"에 따라 심사되어야 할 것이다. 즉 그러한 요청은 "해석론적으로 주장될 수 있어야" 하고 좁은 의미의 법률해석에서 관례적인 '표준'(Canon)을 따라야 할 것이다. 그리고 그러한 요청은 "타당한" 것이어야 하며 — 마찬가지로 해결해야 할 문제를 이미 해결된 것으로 암시하는 것 — 뿐만 아니라 "헌법적으로 정당화되어야" 할 것이다. 이는 그 요청이 "권력분립원리에 따르는" 것으로 이해되며, 법원이 "원칙형성에 입법자와 마찬가지로 또는 그보다 더 적합해야" 한다는 것이다.[21] 이른바 이러한 한계들은 연방헌법재판소에 의하여 '소라야 결정'[22]에서 법관법적 행위의 자기확인으로써 정리되었다. 그러한 자기확인에 따르면 문제되는 "평가적 인식행위"에는 또한 "의지적인 요소가 결여되어 있지 않고" 법관은 "그와 동시에 자의(恣意)에 빠지지 않아야" 하며, "그의 결정은 … 합리적인 논증에 근거하지" 않으면 안 된다. 그런 식으로 법관법은 "사회의 확실한 일반적(!) 정의관"과 일치할 뿐만 아니라 또한 특히 "실천이성의 제 척도에 따라"[23] 정립된다. 그에 반하

---

20) *H.-P. Schneider*, Richterrecht, Gesetzesrecht und Verfassungsrecht, 1969, 37ff.; 그에 대하여 더 자세한 것은 ders., Die Gesetzmäßigkeit der Rechtsprechung, DÖV 1975, 443ff.

21) 마지막으로 언급된 요청들은 *Wank*, Grenzen richterlicher Rechtsfortbildung, 1978, 257.

22) BVerfGE 34, 269ff., 287.

여 연방헌법재판소가 기본법 제20조 제3항(다시금 기본법 제97조 제1
항을 삽입할 수도 있었을 터인데)으로써 연방노동법원 대합의부의 법
관법적 테제에 매우 강력하게 반대한 것[24]은 그 자체 허용되는 행위
에 대하여 요망되는 한계를 설정한 것이 아니라 본의 아니게 법관법
의 불허용성에 대한 근거를 제시한 것이다.

더 이상 원리에서 의심스럽지 않은 그 무엇을 위한 한계를 제시하
지 않고 원리에 대한 의심을 진정시키는 정식을 제공하는 것은 법관
의 규범텍스트생산을 차단하려는 전술에서 더 높은 단계이다. 더 자
세히 말하면 권력분립원리의 "목적"은 '증거불충분'(non liquet)의 영
역에서 법관법의 효력에 의하여 약화되지 않기 때문에 권력분립의 헌
법적 공리는 "그러한 원리와 모순되지" 않는다.[25] 그러므로 법관법은,
그것이 권력분립적 헌법을 위반하여 성립되었다 하더라도, 전혀 그렇
게 나쁜 것은 아니고 심지어는 정당한 것이기도 하며, 법관법의 형성
이 의문시될 수 있는 경우들에서도 효력을 가진다. 법관법의 영역은
다행스럽게도 합법성 외부의 어딘가에 있다.

그보다 한 차원 더 높은 단계는, 사법은 자기 자신의 결정기반만
을 형성하고 그리고 그렇게 함으로써 "현실적인 법상황"을 결정한다
는 것을 지적함으로써, 법관법이란 현상의 의심스러움을 만족스럽게
해결하는 것이다. 그에 반하여 "판결이 미래를 가정적으로 구속하는

---

23) BVerfGE 9, 339ff., 349로부터 소라야 결정에서 인계됨. 원문에는 감탄부호가
   없음.
24) BVerfGE 65, 182ff., 190ff.(파산에서의 사회정책).
25) *Bydlinski*, Hauptposition zum Richterrecht, JZ 1985, 149ff., 152. "입법 자체를 포
   괄적으로 준비하고 민주적으로 정당화하려는 입장도 이러한 의미에서 법관법에
   반대하지 않는다. 그러한 입장의 도움을 전혀 받지 않더라도 모든 법관은 언급
   된 영역에서 동일한 법률문제를 자기 마음대로 상이하게 결정하는 것이 의당
   허용되어야 할 것이다."

가" 여부는 "그보다 차원이 낮은 문제"로 생각된다고 한다.[26) 법관법에서 문제되는 것은 기본법 제97조 제1항의 의미에서 "다른 법관을 기속하는" 규범이 아니라는 것이다.[27) 그에 반하여 법관법학파의 방법적으로 신중한 대변자는 이미 오래전에 공개적으로 법관은 이 영역에서 국가의 입법자와 나란히 "규범을 정립하는 위치"에 있음을 이야기한 바 있다. 그러한 한에서 판결의 법창조 기능은 "구체적 사건과 당사자들뿐만 아니라 또한 당해 소송을 넘어서도" 인정되어야 하며 — 바로 그렇게 함으로써 법관법적 행위는 "입법자적 기능"을 행사한다고 한다.[28) 이러한 자백은 바로 효력을 발생시키기 위하여 실행에 착수된 법관법적 실무와, 물론 우선적으로는 최초의 법관법적 행위에서 실무는 하나의 사건만을 마음대로 사용할 수 있기 때문에 오직 가까운 장래의 개별사건에서만, 그러나 **일련의 미래의 사건들 중 최초의 사건**으로서 다루는 법관법적 실무와 일치한다. 법관법적 판결실무는 다음과 그 후에 끊임없이 자신의 최초의 정립행위를 원용해 왔다. 그것은 확실한 확인이다. 왜냐하면 법사회학은 그러한 확인을 또한 — 법원의 정상적인 구체화적 행위는 물론 법관법적 행위에 대해서 — 법관이 자신의 결정을 위하여 반드시 일반적인 원칙을 작성한다는 그들의 숙고의 출발점으로 삼기 때문이다. 법적 결정의 모든 규범적 관점은 "다른 동일한 사건은 동일하게 결정된다"는 **일반화**와 더 나아가서 기대를 가정하여야 하며, 일반화는 "이미 규범적 기대 자체에" 포함되어 있다는 것이다.[29) 구성법학과 구성법학에서 출발하는

---

26) J. P. *Ipsen*, Richterrecht und Verfassung, 1975, 61.

27) J. P. *Ipsen*, Verfassungsrechtliche Schranken des Richterrechts, DVBl. 1984, 1102ff., 1103.

28) *Isay*, Rechtsnorm und Entscheidung, 1929, 242; Düringer, Richter und Rechtsprechung, 1909, 19를 원용하여.

29) *Luhmann*, Rechtssoziologie, 2. Aufl. 1983, 235.

법적 방법론과 해석론에서 규범텍스트와 규범의 체계적 불일치와 결정규범의 개별적 성격과는 구별되는 법규범의 일반적 성격은 일치한다. 법적 판결의 규범적 일반성 때문에 확정력의 문제와 같은 그 밖의 개별적인 것들은 더 이상 문제가 되지 않는다.30)

그에 비하여 "법관법의 직접적 효력"은 "법관법의 실질적 그리고 형식적 확정력 내에서만"31) 있다는 약화작용은 납득하기 어렵다. "대체로 합목적성의 문제"가 중요하거나 "상세한 규정이 요구되는" 곳에서 법관법의 "한계"를 암시하는 데 대해서도 같은 이야기를 할 수 있다. 오로지 그러한 결정은 "입법자만이 내릴" 수 있으며, 나머지는 법관법적 행위를 통한 대체가 정당하다는 견해32)는 이미 실정법으로부터 근거가 없다. **법관법적 판결**의 범위 내에서 오로지 '당사자 간에'(inter partes), 즉 소송당사자와 관련하여 구속력과 효력을 야기하는 것은 다름 아닌 바로 **결정규범**이다. 그에 반하여 구체화과정에서 형성된 법규범과 그러한 경우에 자유롭게 가정된 **규범텍스트**는 유사규범적 텍스트로서 미래의 소송사건을 위하여 생각된 것이고 또한 실제로 유효하다.33)

법관법을 납득시키려는 전략에 있어 더 이상의 조치는 이러한 상황으로부터 설명된다. 법관법은 어떻든 법적 의미에서는 전혀 "효력이 없기" 때문에 우려할 필요가 없다고 한다. 법관법은 사실적으로만

---

30) 이에 대하여는 문제를 한정하여 *Coing*, in: Staudinger/Coing, Kommentar zum Bürgerlichen Gesetzbuch, 12. Aufl. 1980, Einleitung Rdnr. 221.

31) *Coing*, Zur Ermittlung von Sätzen des Richterrechts, JuS 1975, 277ff., 279f.

32) *Larenz*, Methodenlehre der Rechtswissenschaft, 5. Aufl. 1983, 410.

33) 이 점에 대하여는 이미 언급된 것 외에 예컨대 *Dahm*, Deutsches Recht, 1963, 35 ("미래의 실무를 위한 결정점 結晶點"); *Meyer-Hentschel*, Das Bundesverwaltungsgericht als Koordinator der öffentlichen Verwaltung, DÖV 1978, 596ff.; *Robert Fischer*, Die Weiterbildung des Rechts durch die Rechtsprechung, 1971, 24ff.(특히 판례가 될 재판에 대하여) 참조.

효력이 있다는 것이다. 법관법적 효력의 특색은 단지 설득하는 또는 확신을 심어주는 작용에, "설득적 권위"(persuasive authority)에만 있다는 것이다.34) 합목적성과 정의의 의미에서 "이성적인 태도"에 대한 언급과 "개인이나 법원의 권위"와 그와 유사한 것들에 대한 언급은 특히 법관법적 명제들의 효력은 "다른 법원들을 공식적으로 기속하는데" 있는 것이 아니기 때문에 사람의 마음을 진정시킨다. 그러나 이러한 것이 법관법이 가지고 있는 결여된 정당성에 대한 해결책이 아니라는 것은 법관법적 진술(즉 입법부가 정립한 규범텍스트 없이 정립된 유사-규범텍스트와 법규범)의 독특한 효력은 "그러한 진술들을 **존중할**, 즉 그러한 진술들을 심사하고 이론의 여지가 없는 객관적인 이유가 없이는 그러한 진술들로부터 일탈하지 않을" 다른 법원들의 "의무에" 있다는 추가에서 밝혀진다. 그럼에도 불구하고 실제로 법관법에서 문제되고 있는 것은 사실적인 문제가 아니라 규범적인 문제이다. 이러한 소위 단지 실용적인 노선으로써 법관법에는 성문법과 똑같은 결정력이 주어진다. 그리고 이는 법관법학설의 출발점으로부터 또한 일관성 있는 것이다. '이론의 여지가 없는 객관적인 **이유**'를 가지고 법관법적으로 행동하는 합의부는 알다시피 바로 또한 **법률**상황을 포기한다. 그러므로 실제로 법관법은 의회가 정립한 규범텍스트처럼 취급된다. 그리고 규범텍스트로부터의 '이탈'은 성문법에 대하여 의당 '자유롭게', 즉 거듭 법관법적으로 행동하여야 하는 경우를 위해서만 예견된 것이다. 법관법에의 기속이 요구되고 — '계속형성적'

---

34) *Coing*, Zur Ermittlung von Sätzen des Richterrechts, JuS 1975, 277ff., 279, 280; 마찬가지로 ders., in: Staudinger/Coing, Kommentar zum Bürgerlichen Gesetzbuch, 12. Aufl. 1980, Einleitung Rdnrn. 222ff.; 본문에서 따르고 있는 인용은 Rdnr. 224 — *Larenz*, Methodenlehre der Rechtswissenschaft, 4. Aufl. 1979, 424에 따르면 법관법은 "법률과 동일한 **사실적** 효력이나 실효성을 획득할" 수 있다. 원문에는 강조가 없음.

판결이 분명하게 보여주듯이 — 또한 실천된다면 공식적 효력과 비공식적 효력의 개념적 구별은 무의미하다.

　동일한 영역에서 법관법에 대한 신앙고백이 행해지고 있으며, 그 고백은 법관법을 용어상 '본래의' 의미에서 법원(法源)이 아닌 '전의(轉義)된 법원'[35]으로 병합한다. 법관법은 "특수한 법원"이기는 하지만 법관법에는 "일반적 기속력"이 결여되어 있기 때문에 "공식적 법률의 지위"를 주장할 수 없다[36]는 약화된 표현도 똑같이 무의미하며 그 자체 모순이다. 다른 표현에 따르면 법관법의 힘은 관계된 시민과 행정과 다른 법원을 위하여 의당 다음과 같은 것에 의해서 과소평가되어야 한다. 즉 법관법의 힘은 "진정한 의미에서 기속력이 아니고 그리고 그렇기 때문에 원칙적으로 극복할 수 없는 선결례에 대한 기속력"을 반드시 수반하는 것은 아니다. 지배적 학설도 또한 성문법을 원칙적으로 극복할 수 있는 것으로 간주하고 그리고 그렇게 취급하기 때문에 — 바로 법관법적 행위를 하는 사건들에서 — 그때그때 자신의 방식대로 과소평가하는 상이한 판결들은 그들이 은폐하고자 하는 문제의 심각성을 증명할 뿐이다. 동시에 "법원(法源)이란 별명"[37]이

---

35) 이러한 분류에 대하여는 *Staudinger/Brändl*, Kommentar zum Bürgerlichen Gesetzbuch, Bd. 1 1957, Einleitung Rdnrn. 38ff., 47ff., 51.

36) *Okzen*, Die Rechtswirkung geänderter höchstrichterlicher Rechtsprechung in Zivilsachen, JZ 1985, 155ff., 159. — *Ossenbühl*, in: Erichsen/Martens(Hrsg.), Allgemeines Verwaltungsrecht, 6. Aufl. 1983, 110f.에게는 *Kriele*, Theorie der Rechtsgewinnung, 2. Aufl. 1976, 243ff.의 "추정적 구속력"의 의미에서 의당 법관의 "논증책임"이 성립하여야 한다. 본문에서 따르고 있는 인용문은 *Ossenbühl*, 110.

37) *Ossenbühl*, 같은 곳, 110. — 같은 곳에서 언급된 *Rüthers*, Die unbegrenzte Auslegung, 1968, 472의 표현은 법관법의 법원으로서의 성격을 둘러싼 논쟁에서 문제되는 것은 가능한 한 "구성논쟁과 표현논쟁"이라는 것이며, 다시 한 번 더 다른 방향에서 실상을 강조한다. 즉 동일한 이야기는 잘 알다시피 개별사건에서 무엇이 실정법의 '내용'으로, 구속력 있는 효력규정으로 유효할 수 있는가에 대한 논쟁에 적용된다.

인정되는 이론에서 "법관법의 더 약한 기속력"이란 말로부터는 아무 것도 밝혀낼 수 없다. 법관법을 우려할만하지 않다고 거짓으로 주장 하려는 시도의 모순은 법관법을 수사학적으로 "사실상의 법원"38)으로 표시하는 데서 교차한다.

　약화전략에 대한 이러한 이의(異議)들에 대하여 더 이상의 이의는 헌법에서 나온다. 기본법 제20조 제3항과 제97조 제1항을 통한 법원 의 실정법에의 기속 때문에 법관법적 행위는 **첫째로는** 합법적이 아닌 것으로 간주되며, **둘째로는** 예컨대 학문상의 이론의 진술, 지배적 학 파, 지속적인 판결실무처럼 '사실적으로만' 효력이 있는 것으로 간주 된다. 오히려 법관법의 성립상황은 법관법을 위헌이기 때문에 위법하 게 만들고 그리고 그럼으로써 규범적으로 경시하도록 만든다. 그러므 로 법관법의 이른바 법적 중요성은 또한 "사실적으로만"도 정당화될 수 없다. 왜냐하면 법관법은 결코 '법적으로 텅 빈' 공간에서 움직이 고 있지 않으며, 그 공간은 기능적으로 헌법과 소송법에 의하여 가득 채워져 있기 때문이다. 또한 법관법은 규범텍스트를 정립하는 법원을 위한 자유롭게 점령할 수 있는 기능유보에 따라 작용하지 않는다. 그 러한 기능유보는 어쨌든 기본법의 헌법질서 내에서는 주장될 수 없는 것임이 밝혀졌다.39)

　이러한 상황에 직면하여 지배적 학파의 대변자들에게 떠오른 것은

---

38) *Canaris*, SAE 1972, 22.

39) 그에게 구체화의 출발점은 법률텍스트가 아니라 사건이며, 법관법은 "법률"(즉 규범텍스트)에 사건을 "명백하게 포섭하는" 데 대한 체계적 대안을 나타내고 원래 법관에게 "독자적인 법창조권력"(1. Aufl. 1967, 311)을 인정하고자 했던 *Kriele*, Theorie der Rechtsgewinnung, 2. Aufl. 1976, 예컨대 159, 162ff., 195ff.는 여 전히 법관법의 성문법과 대등한 구속력을 주장하고 있다. 입법자와 헌법제정자 의 법정립독점권의 요청은 현실과 동떨어진 것이기는 하나 "입법자와 헌법제정 자의 우선권은 도처에서 인정되어진 원칙이고 … 그러한 원칙을 고수하는 것은 오늘날에도 모든 질서 일반의 불가피한 전제이다." 같은 곳, 160.

최후의 전략적 행보, 즉 의식적으로 그리고 공개적으로 — 예컨대 에서 *Esser*와 츠바이거르트 *Zweigert*뿐만 아니라 이야기되지 않은 자도 포함하여 — "법관법"이란 법적 문제를 단순히 서술하는 것으로 위치를 바꾸는 것이었다. 이러한 행보는 실행되었다. 법관의 행동이 성문법 및 관습법과 결합될 가능성에 대한 질문은 시야에서 밀려나고, 그럼으로써 또한 성문법과 관습법에 대한 법관법의 관계도 시야에서 밀려난다. 법관법적 "규범시도"는 의당 법원(法源)이어서도 안 되고 도대체 법원의 문제를 제기해서도 안 된다. 법관법의 문제는 의당 그 법적 성격이나 비법적 성격이 해명되지 않고 논의되어야 한다.[40] 이러한 퇴각 엄호 전투는 '지금 결정하여야 할 사건에 대한 기속력'을 '미래의 동종의 사건에 대한 기속력'으로부터 분리시키는 것이 실정법적으로 불가능하기 때문에 이미 실패한다. "법관법(관습법이 아니다)"의 기속력의 요청이 기본법 제97조 제1항과 "합치할 수 없다"[41]면, 동일한 규범적 이유에서 또한 법관법의 합법성 주장과 그리고 그와 함께 해당 개별사건에서 소송당사자에게 기속력을 가진다는 효력 주장도 기본법 제97조 제1항과 합치할 수 없다.

입법부가 정립한 규범텍스트에 근거가 없는, 법원에 의한 법형성은 아주 처음부터 더 이상 문제가 되는 것을 방지하기 위하여 법원론에서 의당 배제되어야 한다. 법원에 의한 법형성은 차용할 수 있고 미래의 실무에 의무를 부과하는 법적 표준에 대한 실용적인 시도로 의당 이해되어야 한다. 그와 동시에 법이론적 반영뿐만 아니라 또한 심지어는 법원론에 대한 실정법적 그리고 해석론적 관계까지도 서서히

---

40) J. *Ipsen*, Verfassungsrechtliche Schranken des Richterrechts, DVBl. 1984, 1102ff., 1103; ders., Richterrecht und Verfassung, 1975, 61.

41) 그런 한에서 J. *Ipsen*, Verfassungsrechtliche Schranken des Richterrechts, DVBl. 1984, 1102ff., 1103은 옳다.

없어진다.[42) 바로 법관법적 실무에 의하여 그러나 동시에 문헌상의 논쟁에서 그러한 실무를 변호하려는 시도에서 그런 것처럼 법관법적 행위의 결과는 법원이 사용되듯이 함축성 있게 법원으로 **취급되고** 있다. 그리고 정확하게 이러한 사실은 그 문제를 이론적 그리고 헌법적으로 논의함에 있어 주제를 제공한다. 법관법적 유사-규범텍스트는 **입법부가 정립한 규범텍스트처럼** 사건에서 구체화되고 다음 사건에서 재차 끄집어내어져 '다시 적용된다.' 유사-규범텍스트는 결국 연방헌법재판소라는 전문법원의 영역 밖에서 그것을 초월하여 입법부가 정립한 규범텍스트처럼 기본법에 비추어 심사되고 그리고 그와 동시에 비록 법률에 규정되어 있지 않고 심지어는 법률의 규범텍스트에 모순됨**에도 불구하고** 재판관의 표현방식에서 인정되거나('소라야 결정') 아니면 법률에 규정되어 있지 않기 **때문에**('사회정책 결정') 기각된다.

논쟁의 몇 부분에 의하면 법관의 법"계속"형성은 대체로 근거가 없다고 한다. 그렇기 때문에 허용되는 경우와 허용되지 않는 경우가 구별되어야 한다고 한다. 예컨대 '실정법 보충적인'(praeter legem), 즉 이른바 흠결이 있는 경우의 법률계속형성은 허용되나, '실정법에 반하는'(contra legem) 법률계속형성은 허용되지 않는다는 것이다.[43) 그러나 헌법에 근거를 둔 법이론의 결론에 따르면 '실정법 보충적인'은 '실정법에 반하는'에 대하여 어떤 본질적인 차이가 있을 수 없다. 법관이 실제로 "법률의 하인"이라면 — 민주적 헌법질서, 법치국가적

---

42) *J. Ipsen*, *Esser* 그리고 *Zweigert* 외에 또한 예컨대 *Kirchhof*, Rechtsquellen und Grundgesetz, in: Bundesverfassungsgericht und Grundgesetz, Bd. 2 1976, 50ff., 99ff. 도 참조: 비록 법관의 결정요지는 "법문이 아니라" 하더라도 일반조항과 그 밖의 규범텍스트를 해석할 필요성을 도외시함에도 불구하고 기본법의 법관은 "법률에 규정되지 않은 원칙"을 형성한 권한이 있다고 할 것이다.

43) *Canaris*, Die Feststellung von Lücken im Gesetz, 2. Aufl. 1983, 예컨대 16f. 본문에서 따르고 있는 인용문은 같은 곳, 51.

권력분립적 헌법질서에서는 그렇다 — 법관도 '법률 없이'(sine lege) 결정할 수 없다. 그렇다면 권력분립, 실정법에 기속(기본법 제20조 제 3항과 제97조 제1항) 그리고 법률의 유보에 대한 조항들은 입법부가 정립한 규범텍스트에 환원할 수 없는 법규범과 결정규범을 구성하는 법관의 행동을 금지한다. 그러므로 다른 저자들은 "법률수정적" 법관 법(실정법 보충적)뿐만 아니라 또한 헌법적 이유에서 흠결에 포함된 "법률옹호적" 법관법도 허용되지 않는다고 공언한다.44)

그에 반하여 — 어쩌면 있을 법한 그 밖의 헌법위반을 도외시한다 면 — "법률구체화적" 법관법만이 허용되는 것으로 간주되며,45) 법률

---

44) J. Ipsen, Richterrecht und Verfassung, 1075, 116ff., 234가 그러한 입장이다. 법관 법은 "기본법의 권한질서에 따르면 의회입법자에게 속하는 과제를 이행하기 때 문에, 법률옹호적(흠결보충적) 법관법은 기본법 하에서 "법관의 책임의 한계를 유월하였다." 같은 곳, 235: "명백한 문언과 의미의 상관관계가 침해되는 곳에서 법관법(실정법에 반하는)은 헌법적으로 허용되지 않는다. — 이와 같은 것이 법 치국가적 문언과 법적 구체화의 규범프로그램한계와 일치한다; 그에 대하여는 앞의 제3장 제1절의 소개.

45) J. Ipsen, 같은 곳, 232; ders., Verfassungsrechtliche Schranken des Richterrechts, DVBl. 1984, 1102ff., 특히 1103ff. — 결론에서는 Starck, Die Bindung des Richters an Gesetz und Verfassung, VVDStRL 34(1975), 43ff.도 똑같다. 법관에게는 "추상 적 일반적인 법정립권한"(즉 더 훌륭하게는 규범텍스트 정립에 대한)이 없기 때 문에 법관법은 "독자적인 법원"이 아니다. 같은 의미에서 Roellecke, 전게서, 7ff., 31ff.: "법관의 결정을 정당화하는 것만이 법률"일 수 있다. 법적 방법론에 의한 법관의 법률에의 구속을 강화하는 데 대하여는 같은 곳, 38f. — Wank, Die verfassungsgerichtliche Kontrolle der Gesetzesauslegung und Rechtsfortbildung durch die Fachgericht, KuS 1980, 545ff., 특히 551ff.: 이성적인 태도, 이른바 기본법을 응시하는 사건근접성은 결정적이 아니라 할 것이다. 법관에게 "법계속형성"에 대한 권한이 없다면 그럼에도 불구하고 그 판결은 위헌이다. 민주주의원칙, 법 치국가체계 그리고 법치국가체계 내에서 권력분립은 법관의 "법계속형성"에 구 속력 있는 한계를 설정한다 할 것이다. 같은 곳, 552 m..w.Nwn. — 또한 이미 A. Arndt, Gesetzesrecht und Richterrecht, NJW 1963, 1273ff., 1280도 참조: "법률 의 기본적 기능에 환원되지" 않는 판결은 "법관의 입법"이고 따라서 "정당화되

구체화적 법관법에서는 실증주의적 가정적인 '포섭'과 일상적 현실적인 "구체화"를 구별할 것이 요구되기 때문에 모든 진정한 법관법은 위법한 것으로 분류되고 있다. (허용되는) 법관법을 단순히 '법률구체화적' 법관법(즉 비법관법)에 한정하는 자는 법관법을 허용되는 법관법에서 제외시킨다. 법관법은 반드시 필요하고 허용된다는 파산시 사회정책에 근거한 청구권에 대한 결정에서 연방헌법재판소가 체계적으로 잘못 표현한 진술[46]은 물론 한계가 있다 할 것이며, 요점을 정확하게 말하면 다음과 같은 내용이다. 법관법은 그 자체로서 허용되는 것의 한계를 유월한다.

제2절 법관"법"과 관습법

법관법은 그 개념이 의미 있게 사용될 수 있는 모든 경우에 허용되지 않으며 구속력을 가진 법원도 아니다. 법관법은 다른 한편으로는 성문법에 대한 차이로부터 정의되기 때문에 기본법 하에서 지배적인 법원론에서 아직도 남아 있는 나머지 토론은 관습법으로 옮겨 간다. 이러한 위치이동으로 해서 법관법적 행위에 정당성과 합법성이 결여되어 있다는 것이 인정되는 곳에서 유혹적인 해결책이 제공된다. 법관법은 관습법을 효력근거로 한다는 견해가 1970년대 초부터 심지어 지배적 견해로 지칭된다.[47] 지속적인 판결은 "관습법의 기초로"

지" 않으며 심지어는 "자의(恣意) 자체"이다.

46) BVerfGE 65, 182ff., 190f.

47) *Rüthers*, Die unbegrenzte Auslegung, 1973, 464ff., 472m. NWn. 특히 *Enneccerus/Nipperdey*, Allgemeiner Teil des Bürgerlichen Rechts, 1. Halbbd., 15. Aufl. 1959, §§ 39 II 3, 42II도 동일한 입장이다. 더 나아가서 예컨대 *Flume*, Richterrecht im Steuerrecht, in:

됨으로써 "법률과 유사한 구속력을 획득할 수 있다.48)

"관습법"은 "성문화되지 않은" 법으로 이해되고, "일반적인, 보통은 사회나 그 기관의 표현된 법효력의지의 관행"에 의하여 만들어진다.49) 그와 동시에 "성문화되지 않은"이란 실정법으로 만들어졌지만 헌법에 규정된 입법절차에서 입법부가 정립하는 규범텍스트로 만들어지지 않은 것을 의미한다. 그럼에도 불구하고 (이러한 속성을 제시하지 않으면서도) 현행법에 포함될 것을 요구하는 원칙들은 그에 상응하여 일반적이고 장기간 지속되는, 법적 확신에 의하여 지지되는 관행을 통하여 성립한다.50)

또한 사법도 법관법의 원칙들은 관습법적으로 정당화된다는 생각을 가지고 작업한다.51) 이러한 견해는 장기간의 관행 대신 또한 관습법성립의 조건으로 그에 상응하는 법원의 관례를 충족할 것으로 하자

Steuerberater-Jahrbuch, 1964/65, 55ff., 63, 709; H. J. Hirsch, JR 1966, 334ff.; Starck, Die Bindung des Richters an Gesetz und Verfassung, VVDStRL 34(1975), 43ff., 71: 법관법은 "관습법으로 발전되지 않은 한 독자적인 법원이라" 할 수 없을 것이다, B. Heusinger, Rechtsfindung und Rechtsfortbildung im Spiegel richterlicher Erfahrung, 1975, 예컨대 84f., 89, 94ff.: 법관의 법계속형성은 승인을, 그것도 "현재 해당된 법동료 다수의 승인"을 필요로 한다. 같은 곳, 89.

48) Larenz, Methodenlehre der Rechtswissenschaft, 4. Aufl. 1979, 425.

49) 자세한 것은 Enneccerus/Nipperdey, Allgemeiner Teil des Bürgerlichen Rechts, 1. Halbbd., 15. Aufl. 1959, §§ 38ff., 261ff., 264, 266ff.

50) 예컨대 BSGE 24, 118f., 120; OVG Münster DÖV 1967, 677; Forsthoff, Lehrbuch des Verwaltungsrechts, 10. Aufl. 1973, 144ff., 146; Olzen, Die Rechtswirkungen geänderter höchstrichterlicher Rechtsprechung im Zivilsachen, JZ 1985, 155ff., 158f. — Regelsberger, Pandekten Bd. I, 1893, 94가 그렇듯이 관습법을 "규범의 장기간 줄곧 계속된 같은 모양의 실행"으로 관습법을 정의하는 오래된 견해는 더 일반적이고 더 부정확하다.

51) 예컨대 BGHZ 1, 369ff., 375(공법상의 계약에서 발생하는 청구권에 대한 법적 수단); BGHZ 9, 83ff., 88(§§ 74, 75 EinlALR); BGH JZ 1963, 678(보험계약자의 신뢰보호)만 참조.

고 주장한다.52) 장기간 지속되는 판결실무에 대한 의무를 모면하기 위하여 이른바 파기결정의 경우에는 심지어 시간적 동기를 전적으로 포기할 것이 제안되기도 하였다.53) 그에 반하여 관습법에 관해서 거론된 민법의 영역에서는 전통적 확신이 법관법을 법적 거래에서 받아들인 후 법적 거래에서 장기간 지속되는 일반적 관행을 통해서만 법관법은 관습법으로 견고해질 수 있다고 하며, 민법전의 입법자도 그와 의견을 같이 하였다.54) 달리 관찰할 수도 있다면, '법관법은 관습법으로 정당화된다'는 명제 대신 법관법은 성문법과 관습법과 더불어 독자적인 공식적 법원이라는 이미 포기된 주장만이 남아 있게 될 것이다. 그러므로 지배적 학설은 "당사자 그룹 내에서, 즉 법률가들 사이에서만이 아니라" 일반적인 법적 확신을 토대로 한 지속적 관행에 의해서만 지속적인 판결은 "관습법의 기초가 됨으로써 법률과 유사한 구속력을 획득할" 수 있다고 생각한다.55) 그와 동시에 제국재판소는 "확립된" 판례와 "지속적인" 판례를 구별하였다. 그리고 세 번에서 네 번의 판결이 있으면 어떤 판결전통은 이미 "확립된" 것으로 간주되었다.56)

---

52) 그에 대하여는 *Enneccerus/Nipperdey*, Allgemeiner Teil des Bügerlichen Rechts, 1. Halbbd., 15. Aufl. 1959, § 39 II 3, 267; 더 나아가서 예컨대 *Tomuschat*, Verfassungsgewohnheitsrecht, 1972, 1972, 52, 55 m.NWn.

53) *Larenz*, Über die Bindungswirkung von Präjudizien, Festschrift Schima, 1969, 247ff., 261ff.

54) *Mugdan*, Die gesammten Materialien zum Bürgerlichen Gesetbuch für das Deutsche Reich, Bd. I, 1899, 570.

55) *Larenz*, Methodenlehre der Rechtswissenschaft, 4. Aufl. 1979, 425.

56) *Enneccerus/Nipperdey*, Allgemeiner Teil des Bürgerlichen Rechts, 1. Halbbd., 15. Aufl. 1959, 275; *Rüthers*, Die unbegrenzte Auslegung, 1968, 464ff. — 또한 이른바 지속적인 또는 확립된 판례에 대하여는 "가끔 표명된 법적 견해"를 거쳐 "개별화된 결정"과 "확립되지 않은 판결"의 등급도 참조. *Coing*, Zur Ermittlung von Sätzen des Richterrechts, JuS 1975, 277ff., 280.

기본법으로부터 관습법은 원칙적으로 가능하고 허용되는 것으로 간주된다. 유력한 학설에 따르면 기본법 제20조 제3항의 "법률과 법"에 대한 집행권과 사법권의 기속은 모든 종류의 규범, 성문의 실정법뿐만 아니라 불문의 실정법을 포함한다. "법률과 법"이라는 표현은 실정법과 자연법을 지시한다는 처음에 그것과 나란히 여전히 주장된 견해는 불확실한 것으로 남았고 집행가능성의 이유로 인해 관철될 수 없었다. 연방헌법재판소는 관습법의 가능성을 긍정하고 관습법을 "공식적인 정립을 통해서가 아니라 지속적이고 상시적인, 균일적이고 일반적인 관행이어야 하는 그리고 당사자인 법동료들에 의하여 구속력 있는 법규범으로 인정되는 장기간의 사실적인 관행에 의하여 성립된 법"으로 표현한다.[57]

관습법적 명제들은 규범텍스트가 없다. 그 문언은 판결에서 또는 학문상의 문헌에서 법원칙을 표현하려는 상이한 시도들에서 변화한다. 그러나 관습법은 법생활에 참여하는 자들의 공통의 확신과 이러한 확신에 대한 충분히 분명하고 장기간 지속되는 표현에서 (용이하게 실현될 수 없는) 독자적인 정당화근거를 가진다. 그러한 속성들이 법관법에는 없다. 그리고 그러한 한에서 관습법을 수단으로, 비록 그렇게 함으로써 독자적인 법원으로 법관법을 보는 시각이 포기된다 하더라도, 법관법을 정당화하려는 지배적인 견해는 이해할 수 있다. 법치국

---

57) BVerfGE 9, 10ff., 117; 15, 226ff., 232ff.; 22, 114ff., 121; 28, 21ff., 28f. 또한 연방헌법재판소는 **헌법**관습법의 가능성이라는 특수문제에 대해서도 거부하는 태도를 취하지 않는다: BVerfGE 11, 77ff., 87에서는 문제시되는 기간의 단지 짧다는 이유만으로, 다른 결정(BVerfGE 21, 312ff., 325)에서는 통일적인 법적 확신이 결여되었다는 것만을 이유로 관습법의 형성이 부정되었다. 더 나아가서 BVerfGE 12, 205ff., 235; 29, 211ff., 234 참조. ─ 그에 반하여 원칙적으로 법전작업에 의하여 완결된 법영역 내부에서는 관습법적 명제를 위한 공간은 의당 남아 있어서는 안 된다. BVerfGE 9, 109ff., 117.

가적 방법론에 대한 요구는 관습법을 구체화하는 데도 적용되며,[58] 그와 동시에 권위 있는 텍스트, 정확하게는 규범텍스트 확정이 결여되어 있기 때문에 문언한계 내지는 규범프로그램한계를 엄밀하게 구분하는 일은 과소평가된다.[59]

가끔 실무에서는 법률을 폐기하는 관습법이 언급되나,[60] 기본법의 철저하게 구성된 법치국가적 헌법유형은 관습법의 그러한 작용을 배제한다는 데에서 출발하여야 한다. 관습법은 흠결보완에 제한된다. 환언하면 관습법은 실정법에 반해서도 또한 법률과 헌법 밖에서도 형성될 수 없다. 법관법은 서열이 더 높거나 같은 서열의 성문법과 모순되어서는 안 되고 또한 기본권적으로 보호된 영역에서 공식적인 유보법률을 대체하거나 행정부에 관습법적으로만 정당화되는 침해할 수 있는 권한을 부여할 수 없다.[61]

법관의 법창조가 다른 참여자, 법원 및 행정청을 기속하는 법창조로서, 의당 "자신의 권리를 정당화하는 작용에 필요한 모든 조건을 충족하는 관습법의 형성을 통해서만" 구속력 있는 정립으로서 성립할 수 있어야 한다면,[62] 그에 대한 충분한 이유가 발견될 수 있어야 할 것이다. 지배적 학설의 경우에 그와 같은 것을 주장하는 이유는 법관법을 주어진 현상으로 관찰하고 어떻든 그것을 정당화하려고 하는 데 있다.[63] 그러나 중요한 것은 이른바 흠결 속에서 작업하는 또는 독립

---

58) F. *Müller*, Juristische Methodik, 2. Aufl. 1976, 20, 109.

59) 그에 대하여는 F. *Müller*, Strukturierende Rechtslehre, 1984, 156f.

60) BVerwGE 8, 317ff., 321; BVerwG DVBl. 1979, 116ff., 118; BVerwGE 9, 213ff., 221; VGH Baden-Württemberg DÖV 1978, 696.

61) *Hesse*, Grundzüge des Verfassungsrechts der Bundesrepublik Deutschland, 15. Aufl., 1985, 195f., 124, 145; 행정에 대한 침해수권의 관점에 대하여는 *Jesch*, Gesetz und Verwaltung, 1961, 115f.

62) BGHZ 11 Anhang, 53의 입장이 그러하다.

63) 그에 반하여 F. *Müller*, Fallanalysen zur juristischen Methodik, 1974, 10; 실정법이

적으로 법관법적 규범텍스트를 고안해내는 실무가 그들의 행위와 함께 정치적 기관의 그때그때의 처분에, 즉 입법부의 규범텍스트 정립에 기속되어 있다는 점만이 아니다.[64] 또한 중요한 것은 이미 권력분립적 법치국가, 사법의 헌법과 법률에의 기속 및 법률의 우위와 법률의 유보와 같은 규범들 때문에 직접적으로는 아니라 하더라도 그럼에도 불구하고 간접적으로 법관법적 행위를 관습법의 형태로 허용할 수 있는가 여부의 문제이다. 법관법적 행위가 비록 이미 처음부터 기본법 제20조 제3항의 의미에서 "법"으로 분류되어서는 안 되지만 그럼에도 불구하고 그것은 관습법의 전제에 따라 아마도 점진적으로 "법"으로 될 수도 있을 것이다. 남아 있는 논의는 해석론적으로 관습법에 전위(轉位)된다. 왜냐하면 아직도 이 가능한 법원만이 법관법적으로 제안된 결정규범과 법규범에 대한 버팀목으로 사용될 수 있기 때문이다. 그리고 그러한 규범들은 바로 규범텍스트의 민주적 그리고 법치국가적으로 요구되는 출발자료들을 원용할 수 없다. 법이론적 이유는 더 나아가서 관습법은 정확하게 규범텍스트를 근거로 할 수 없는 실정법의 부분집합을 충족시킨다는 데 있다. 성문법과는 달리 관습법은 단 하나의 권위 있게 확정된(결정된, 작성된, 공포된) 언어표현양식을 소유하고 있지 않다. 관습법의 다소간 강하게 변화하는 텍스트형태는 교과서, 주석서 그리고 특히 법원의 결정에 포함되어 있다.[65] 관습법은 사법기관과 집행기관에 의한 법규범과 결정규범의 형성이 인정되는 유일한 경우이며, 이러한 결정행위들은 입법부가 정립한 규범텍스

관심을 가지지 않은, 성문법에 의하여 "점령되지" 않은 법영역에서 관습법 또는 판례법의 형성에 대한 ders., Juristische Methodik, 2. Aufl. 1976, 268은 법관법 이론의 의미에서 여전히 관습법 내지는 법관법 형성의 병존에서 출발한다.

64) 그에 대하여는 F. Müller, Juristische Methodik und Politisches System, 1976, 15.

65) 그에 대하여는 F. Müller, Fallanalysen zur juristischen Methodik, 1974, 10; ders., Juristische Methodik, 2. Aufl. 1976, 예컨대 109f., 268.

트에 편입될 수 없다. 관습법과 법관법의 구조가 유사하기 때문에 전자를 통하여 후자를 정당화하려는 시도는 우선은 의미 있는 것으로 생각된다.

그와 동시에 물론 중요한 특색을 주의하여야 한다. 이곳에서는 법원이 법적 거래, 해당 공동체, 당사자그룹과 인(人)을 대리할 것이다. 그 테제가 근거가 있는 것으로 의당 증명되어야 한다면 더 나아가서 집행기관이 이러한 가능성을 사용하지 않을 이유도 없을 것이다. 끝으로 그럼에도 불구하고 사법권(그리고 경우에 따라서는 또한 집행권)은 실정법이 점령하지 않은 영역에서 작업하여야 할 것이다. 왜냐하면 실체법과 소송법의 공동작용에 의하여 그리고 그 밖에 권한의 구별, 구획과 분배에 관한 규범들 및 '법관법적으로' 내지는 '집행법적으로' 행동하는 기관의 기속에 관한 규범들에 의하여 파악되는 영역이 문제되기 때문이다. 그 영역은 이곳에서 관심의 대상이 되어 있는 의문들을 위하여 성문법에 의하여 규율되어 있고 다른 모든 것은 '법적으로 텅 빈 공간'으로 치부되고 있다. 기본법 하에서 관습법은 존재하지 않는다는 명제66)나 어쨌든 법관법은 관습법의 형태로 자신을 보호할 수 없다는 견해67)를 도외시한다 하더라도 이곳에서는 결정적인 이의가 제기되고 있다. 관습법은 기본법의 테두리 내에서는 실정

---

66) 헌법의 영역에서 새롭게 형성되고 있는 관습법에 대한 *Tomuschat*, Verfssungs-gewohnheitsrecht, 1972, 예컨대 132ff., 144의 입장, 또한 이미 *Voigt*, Ungeschriebenes Verfassungsrecht, VVDStRL 10(1952), 33ff.도 참조.

67) 예컨대 — 상이한 관점들 중에서 — *Tomuschat*, 같은 곳, 53f. m.Nwn.가 그러한 입장이다; *Adomeit*, Rechtsquellenfragen im Arbeitsrecht, 1969, 56ff.; *Coing*, in: Staudinger/Coing, Kommentar zum Bürgerlichen Gesetzbuch, 12. Aufl. 1980, Einleitung Rdnr. 229, 부분적으로는 유형학적 이유에서, 부분적으로는 실용적·법 정책적 이유에서 — 또한 *Meyer-Cording*, Die Rechtsnormen, 1971, 70f.도 보라: "법관법은 관습법이 아닐 뿐만 아니라 또한 그 이상이기도 하다. 즉 관습법은 바로 다름 아닌 법관법이다."

법 보충적으로 그리고 실정법 보충적으로만, 헌법과 법률, 대체로 성문법에 의하여 채워지지 않은 영역에서만 형성되어도 된다. 이러한 판단은 — 참여자들과 당사자들의 실행에 옮겨진 법적 확신에서 성립된 — **국민법으로서의 관습법**에 반대하지 않는다. 그러나 아마도 이러한 판단은 그 전형이 법관법인 관청법적으로 성립된 관습법을 추방한다. 법관법의 경우에는 사법권의 어떤 심급이 '지도적 판결' 또는 '파기판결'의 방법으로 난데없이 입법부가 정립한 규범텍스트나 관습법의 원칙에 의지할 수 없는 법규범과 결정규범을 형성한다. 관습법의 성립에 있어 어느 정도까지 관계된 당사자들의 승인이 결정적이고 어느 정도까지 법체계의 담당자들의 승인이 결정적인가라는 질문이 물론 제기되어야 한다.68) 또한 이미 오래전에 "예나 지금이나 모든 '관습법'은 사실은 법률가법이다"69)라는 예리한 명제가 작성되었다. 그럼에도 불구하고 이곳에는, 헌법으로부터 판단하면, 본질적인 차이가 있다. 그 출발과 전개에서 헌법상의 권한규범과 기속규범에 **모순되지 않는 국민법적** 관습법에서와는 달리 그에 반하여 **관청법적** 관습법이 형성되어서는 안 되는 '법'(lex)은 또한 모든 방법적으로 중요한 헌법규범, 또한 기본법 제97조 제1항과 제20조 제3항 및 더 나아가서 — 아마도 흠결이 있는 — 실체법과 공동작용하는 소송법이며, 소송법은 그러한 유의 경우에 예컨대 형사소송절차를 중지하거나 민사소송이나 행정소송을 기각할 것을 규정하고 있다. 해당 관청의 관행이 헌법생활에 참여하는 자들의 법적 확신을 대체할 수 없다는 이유

---

68) 그에 대하여는 F. *Müller*, Juristische Methodik und Politisches System, 1976, 106.

69) *Max Weber*, Rechtssoziologie, 2. Aufl. 1967, 337 — 이러한 관점은 *Meyer-Cording*, Die Rechtsnormen, 1971, 70, m.Nwn.의 경우에도 발견된다. 법관법과 관련해서는 예컨대 또한 *Coing*, in: Staudinger/Coing, Kommentar zum Bürgerlichen Gesetzbuch, 12. Aufl. 1980, Einleitung Rdnr. 229도 참조: "여기서 당사자들은 그들의 법적 확신에 따라 행동하지 않으나, 법관은 특정 법문의 효력을 결정한다."

만으로 조직법과 절차법이 자신의 고유영역에서 관습법에 반대하는 것은 아니다.[70] 오히려 조직 및 절차, 권한 및 국가권력을 규율하는 헌법규정들의 기속은 일반적으로 형식엄격성에 의하여 특징지어지며 조직 및 절차, 권한 및 기속을 위반하여 성립된 규범정립을 위법한 것으로 만든다.[71] 법관법적으로 행동하는 심급은 이러한 규범들과 모순에 빠지게 된다. 법관법적으로 성립된 유사-규범텍스트는 그 성립의 위헌성 때문에 의무를 부과하는 규정으로서는 예컨대 기본법의 권한규정 또는 절차규정에 위반하여 성립된 연방규정이나 지방(支邦)규정과 마찬가지로 중요하지 않다. '관습법'을 구출할 가능성은 없다. 왜냐하면 법관법이 '**출발점**'(starting point)에 서는 순간부터 연방헌법재판소도 관습법의 조건으로 공식화한 것처럼 관습법이 "당사자인 법동료들에 의하여 구속력을 가진 법규범으로 인정된다"[72]는 것을 사실상 이야기할 수 없기 때문이다. 이에 대하여 뤼멜린 *Rümelin*의 빈틈없는 지방법원판사는 논거 대신 매력적인 일화를 제공할 뿐이다.[73] 실증주의에 의하여 커다란 영향을 받은 전래적 학설의 언어로는 "입법자는 법원(法源)으로서 법률을 공포한다." 그리고 그럼으로써 그는 "법률규정을 창조하는 출발점에서는 주권적"이다. 법관의 판결은 "결코 출발점이 아닌 그저 법생산과정의 속행일 수 있을 뿐이다." 살아

---

70) 그에 대하여는 *Tomuschat*, Verfassungsgewohnheitsrecht, 1972, 138f.; 그를 따르는 *Kirchhof*, Rechtsquellen und Grundgesetz, in: Bundesverfassungsgericht und Grundgesetz, Bd. 2 1976, 50ff., 92.

71) BVerfGE 9, 109ff., 117; *Kirchhof*, 같은 곳 참조.

72) BVerfGE 9, 109ff., 117; 15, 226ff., 232ff.를 원용하는 BVerfGE 22, 114ff., 121 — 또한 BVerfGE 28, 21ff., 28f.도 참조.

73) *Rümelin*, Die bindende Kraft des Gewohnheitsrechts, 1929, 14. — *Meyer-Cording*, Die Rechtsnormen, 1971, 67f., 69f. 뿐만 아니라 *Rüthers*, Die unbegrenzte Auslegung, 1973, 472도 자유로운 법관법적 정립의 법관법적 정당화가능성의 결여(더 분명하게는: 불법)를 지적한다.

숨쉬는 법은 입법자와 법관이 첨가한 것의 혼합으로 구성된다.74) 법이론적으로 더 훌륭하게 표현한다면, 입법부는 헌법적 이유에서 법에 기속되는 구체화과정을 위하여 **출발자료로서 이론의 여지가 없이** 끌어들여져야 하는 **규범텍스트**만을 정립한다. 법관은 계속하여 규범텍스트에 방법적으로 환원할 수 있는 방법으로만 법규범과 결정규범을 형성해도 되지만, 그러나 규범텍스트 자체를 정립해서는 안 된다. 현실화된 법은 양 법원을 '합병한 것', 즉 성문법과 법관법의 혼합이 **아니다.** 오히려 그것은 그때그때 개별사건을 위하여 생산된 규범성이며, 규범성은 방법적으로 규범텍스트에 환원할 수 있는 법규범과 결정규범에서 도출된다. 규범텍스트는 귀속될 수 있으므로 법관의 구체화작업은 법관의 사이비-규범텍스트 정립과는 다른 그 무엇이다.

기본법의 질서는 뤼멜린의 지방법원판사의 의미에서 법관법을 단도직입적으로 정의하고 그것을 법에 충실한 구체화와 구별하는 불법을 출발점의 불분명한 상태에서 관대하게 보는 것을 허용하지 않는다. 관청법은 국민법이 아니다. 관습법의 전통적 모델은 국가권력(여기서는 사법)의 개별화된 행위에 맞추어 만들어진 것이 아니다. 기본법의 발효와 함께 '계약체결상의 과실'(culpa in contrahendo)이나 적극적 채권침해에 대한 제국재판소의 오래된 전통(관습)은 최초에는 불법이었음에도 불구하고 그 사이에 관습법이 되었다는 것은 인정되어야 한다. 그에 반하여 기본법 하에서 기본권적으로 보호되는 영역을 직접적으로나 간접적으로 침해하는 작용을 하는 관습법의 새로운 형성은 이미 기본권해석론으로부터 허용되지 않으며,75) 그리고 그러

---

74) *Meyer-Cording,* Die Rechtsnormen, 1971, 69ff. m.Nwn.이 그러하다. 본문에서 따르고 있는 단어 인용은 같은 곳.

75) 예컨대 BVerfGE 22, 114ff., 121: 기본권제한적 불문법에서 문제되는 것은 "헌법 이후의 새로운 관습법이 아니라 헌법 이전의 관습법임이 분명하다. 왜냐하

한 것은 공법, 형법 또는 사법의 어디서건 문제되지 않는다. 또한 그러한 관습법은 기본권영역 밖에서 형식이 엄격한 조직법과 절차법에서도76) 침해행정에서도 침해에 대한 수권부여의 형태로 형성될 수 없다. 그 후에 여전히 남아 있는 영역들에서는 불문의 규범을 국민법적으로 창조하는 것이 가능하나, 그에 반하여 법관법을 관습법으로 강화시킨다는 의미에서 불문의 법규범을 관청법적으로 창조하는 것은 가능하지 않다.

그렇지 않을 경우에는 실체법 및 조직법과 절차법에 대한 관계에서 소송법은 헌법의 테두리 내에서 속성상 이류법(二流法)으로, 의심스러운 경우에는 법관법적 정립의 실체적 관점보다 덜 중요한 것으로 취급될지도 모른다는 숙고 또한 이러한 진술에 찬성한다. 실정법질서 내에서 비실체적 규정들을 그렇게 강등시키는 것은 정당화될 수 없다.

결국 결과는 기본법 제20조 제3항에 대한 주요논거와 일치한다. 기본법 제20조 제3항은 기본법 제97조 제1항과 나란히 또한 법관의 기속의 문제에 끌어들일 수 있다. 그와 동시에 기본법 제97조 제1항에게는 (기본법 제20조 제3항의 적용을 — 역자) 배제하지 않는 특별규정의 지위가 주어진다.77) 그 논거는 기본법 제20조 제3항의 기능과 관계가 있다. 그 논거는 이 규범 전체의 영역에 대해서, 즉 법관법에 대해서뿐만 아니라 또한 관습법에 대해서도 적용된다. 기본법 제20조 제3항

면 기본법 제12조 제1항의 법률유보는 최소한 공식적인 법정립행위에 의하여 창조된 법규범을 요구하기 때문이다."

76) BVerfGE 9, 109ff., 117.

77) 그에 반하여 **첫째로** '소라야 결정'과 견해를 같이하여 ("법률"에 대한 반대로) "법률과 법"이라는 단어표현을 지적하고, 그와 동시에 **둘째로** 기본법 제20조 제3항만을 언급하면서 기본법 제97조 제1항을 무시하는 것은 더 이상 주장될 수 없다.

은 특정 국가기능의, 즉 집행권과 사법권의 **규범에 대한 기속**을 일률적으로 규정한다. 아직도 해결되지 않은 질문은 어떤 규범에 기속되는가라는 것이며, 지배적 학설의 대답은 성문법뿐만 아니라 또한 관습법에도 기속된다는 것이다. **그에 반하여** (또한) 기본법 제20조 제3항은 이러한 국가기능들이 구속력을 가지는, 즉 또한 집행권과 사법권 스스로가 의무를 부과하는 규범들을 **정립할 권한을 부여하는 것**으로는 기능하지 **않는다.** 또한 이로부터 기본법 제20조 제3항은 기본법의 발효 이전까지 성립된 관습법에 대한 기속에 주의를 기울여 시인하고, 그러므로 민법이나 또는 또한 법치국가의 현존하는 규범(예컨대 과잉금지, 법률의 우위, 법률의 유보) 내에서의 이른바 방어사건에서 그럴 뿐만 아니라 더 나아가서 일련의 중요한, 행정법총론과 노동법의 규범적으로 중요한 원칙들의 경우에도 그렇다는 것이 결론된다. 그에 반하여 기본법 제20조 제3항을 기본법 하에서 헌법적으로 분배된 기능에 **반하는** 관습법의 성립을 정당화하는 기능으로 재해석할 수는 없다. 불문으로 성립된 규범과 관련하여 참여자들과 당사자들, 일반적 법적 거래의 참여자들, 이른바 법동료들은 다른 태도를 보이고 있는데, 그 이유는 그들이 권력분립적으로 연결된, 권한이 확정된 국가권력의 기관이 아니기 때문이다. 그러므로 (법의 흠결에서) 새롭게 형성되는 관습법의 출발점은 법적 거래에서의 관습과 마찬가지로 권한의 기속을 받지 않는 학문적 연구와 이론에 있을 수 있다. 그와 동시에 규범으로 인정받게 하는 과정, 즉 충분히 장기간 지속되는 관행은 법적 거래의 당사자인 참여자들 사이에서 성립되어야 한다. 그렇게 되면 분명히 사법기관은 "관습법"이라는 결과를 수반하는 그러한 과정을 추론하는 표현을 할 것이다. 그러나 이러한 공식적 표현을 법문, 즉 유사-규범텍스트의 최초의, 갑작스러운 고안 내지는 의회에 의하여 보장된 규범텍스트에 근거하지 않은 법규범과 결정규범의 정립과 혼동해서는 안 될 것이다.

제3절 결론적 고찰

'사회정책 결정'에서 연방헌법재판소는 결론에서 정당하게 판단하고 있고, 그 결정이유 또한 옳다. 동 재판소가 결정이유를 제시하고 있는 방법론적 그리고 이론적 설명은 옳지 않으며 그리고 그 결과로 그 언어적 표현 또한 옳지 않다. 그 표현에 따르면 법관의 법계속형성은 현대국가에서 불가피할 뿐만 아니라 "사법의 인정받은 기능"이기도 하다. 물론 기본법 하에서 사법은 "기본법 제20조 제3항의 법과 법률에 기속원칙에 의한" 한계가 있다. 앞의 사건에서 그 한계는 유월되었다.[78]

결정이유를 개별적으로 검토해보면 연방헌법재판소는 **핵심을** 파악하고 있다. 그에 반하여 다음과 같은 것은 그렇지 않다. 즉 법원의 과제와 권한은 포섭에서, 또한 문법적 해석에서 끝나지 않는다. 법원의 행동은 필연적으로 창조적이며, 법률실증주의적 논리적 삼단논법 대신 구체화이다. 그러나 기본법 하에서 구체화는 방법적으로 중요한 규범들에, 여기서는 특히 법치국가의 규범들에 종속된다. 문제된 사건에서는 그러한 규범들이 침해되었다. 노동법의 판결실무는 이곳에서 더 이상 규범을 구체화하지 않았으며, 법관법적으로 행동하였다. 그러한 것은 기본법의 헌법질서에서는 (그 중에서도 특히, 그러나 뿐만 아니라) 기본법 제20조 제3항 때문에 허용되지 않는다.

정확하게 구체화에서 법관법적 정립으로 전환하는, 유사-규범텍스

---

78) BVerfGE 65, 182ff., 190f.

트를 도입하는, 현행법의 규범텍스트(여기서는 특히 파산법)에 방법적으로(여기서는 특히 문법적·체계적으로) 더 이상 편입할 수 없는 법규범과 결정규범을 정립하는 행위현장에서 연방헌법재판소는 연방노동법원 대합의부를 구금하고 있다.

천체물리학에서 시대에 뒤떨어진, 그러나 공식적으로는 여전히 인정받고 있는 프톨레마이오스 *Ptolemäus*의 세계상은, 실제로는 제 기능을 발휘하지 못하기 때문에, 주전원(周轉圓)이론의 복잡한 설명의 시도에 의하여 인위적으로 생명이 유지되었었다. 오래전부터 실무적으로, 그러나 또한 이론적으로도 신뢰를 받지 못하는 법률실증주의가 몇 가지 시대에 뒤떨어진 그의 가설로써 여전히 현재의 법률가세대에게 강한 영향력을 행사하고 있다. 그리고 모순적인, 엄밀히 말하자면 근거가 없는 부가설명을 대가로 치르기는 한다. 법관법이론은 근거가 없는 부가설명 중의 하나다. 그와 동시에 전체적인 시각이 바뀐다면 진실은 훨씬 단순하다. 즉 실정법질서는, 실제의 사회적 필요에 의하여 판단하면, 결코 내용적으로 무흠결인 것이 아니다. 실정법질서는 법관법적 대체행위에 의해서도 무흠결인 것으로 되지 않을 것이다. 법관법적 행위에 의하여 응급책으로 그리고 개별적으로 추구되는 완전성은 이전에 이성법적 입법자를 신뢰했던 것과 꼭 마찬가지로 공상이다. 법원이 실체법적 흠결로 간주하는 상황을 만나게 되는 경우에는 현행법의 규정들이, 즉 실체법적 원칙들과 소송법적 원칙들이 법원에게 어떻게 행동하여야 하는지를 말해준다. 확인된 내용적 흠결을 어떻게 완결할 수 있을 것인가라는 그 다음 질문은 마찬가지로 실제로가 아니라 법적으로, 즉 입법권의 권한과 절차에 관한 헌법규범을 통해서 대답된다.

100년 동안에 걸친, 그럼에도 불구하고 흠결을 보완하는, 그러나 또한 구체화하는 그리고 심지어는 실정법에 반하는 법관법을 점령한 논쟁은 특히 여전히 주도적인 법의 이론의 기초가 변화해야 할 필요성에서 발전이 없음을 증명하고 있다. 법관법을 둘러싼 토론은 법률 실증주의의 한 후예이다. 더 자세히 관찰한 결과 그것은 우선 역설적으로 작용하는 테제라는 것이 입증되었다. 양자는 전형적으로 실증주의의 교의(敎義)를 모범으로 하고 있다. 그러한 것은 법관법적 행위의 두 가지 주요형식에서 명백해진다. 그 첫째는 **입법부의 결론(규범텍스트)에 순종하는, 그러나 단순한 포섭을 넘어서는 결정**이다. 이러한 것을 법관법적 과정으로 간주하는 만연된 견해는 포섭교의의 실패, 삼단논법모델의 공상적 성격으로부터 그의 오해된 경험적 기초를 취한다. 법관법의 두 번째 주요형식은 **입법부의 결론에**, 규범텍스트에 근거하지 않은 결정에 본질이 있다. 이곳에서는 규범텍스트가 직접 다루어지고 있고, 정당한 권한이 결여되어 있기 때문에 유사-규범텍스트 또는 사이비-규범텍스트로 지칭될 수밖에 없는 규범텍스트는 명시적으로나 암묵적으로 위조된다. 그러한 행동은 의당 현존하는 법률자료(즉 규범텍스트집합)는 아니라 하더라도 그러나 '법질서의', '실질적 정의의' 또는 '법의' — '실정법 밖에서, 법 안에서'(extra legem, intra ius) — 내용적 완전성을 추구함으로써 정당화되어야 한다. 무흠결성은 안 된다. 그러므로 무흠결성은 자신의 존재를 알리는 곳에서 권력분립과 권한분배를 고려하지 않고 손쉽게 생산된다. 여전히 항상 법질서의 '통일성'과 '완결성'이라는 구 실증주의의 교의가 이러한 작업의 기초가 된다는 것은 마지막으로 논거를 실체법에 한정하는 데서 드러나지 않는다. 이러한 한정이 없다 하더라도 법관의 한계유월의 출발점은 존재하지 않는다 할 것이다. 왜냐하면 법원에 의하여 평가적으로 간주된 또는 경험적으로 매개된 객관적 흠결에 대한 유효한 대답은 실정법문조합의 기능적 완전성에 있다. '흠결'에 대한 언급은 성급하다. 그리고 그러한 언급은 실정법적으로 주장할 수 없는 그러한 경우에 법의 개념을 실체적 규범들에 한정함으로써 획득되는 공준(公準)이다. 하나의 법질서는 내용적으로 통일적인('완결된') 것도 아니고 주제에 따라 무흠결인 것도 아니다. 그러나 그것은 소송법을 통하여 실체적 규범들이 보완되고 법을 변경하거나 법을 새롭게 창조할 통일된 가능성이 있기 때문에 기능적으로 완전하다. 물론 변경 내지는 새로운 정립에는 특수한 규범적 조건들(기능, 권한, 절차, 헌법적 척도)이 있다. 이러한 조건들은 — '흠결'있는 것으로 증명된 — 실체법의 규정들과 마찬가지로 효력을 주장한다. 실체적 규범들이 결여되어 있기 때문에 소송을 지향하는, 예컨대 기각결정은 개별사건에서 반드시 **'부당한' 것은 아니며,** 마찬가지로 현존하는 실체적 법문들을 근거로 한 결정도 반드시 '정당한' 것은 아니다. 그와 동시에 법관법에 찬성하는 배후에는 또한 '개별사건정의'를 '실체적 법문을 근거로 한 결정'과 동일시하는 제3의 실증주의의 가설이 숨겨져 있다. 그러한 실체적 법문이 없다면 그 때문에 법관법이 의당 실체적 법문을 대신해야 하고, 법관은 의당 실체적 법문을 만들어도 되는 것이다. **그에 대하여 기본법의 민주적·법치국가적 헌법유형 내에서 사회적 갈등을 정의롭게 결정하려는 노력은 공권력의 상이한 기능들에, 법창조의 상이한 단계들에 그리고 더 나아가서 실체법과 소송법의 규범적 공동작용에 나누어져 있다.** 이러한 복합적인 규범구조와 관련하여 또한 법보장의 명령을, 판결거부금지를 충족시키기 위하여 법관법이 유지되어서는 안 된다는 것도 증명될 수 있었다.[79]

---

79) 이미 옐리네크 *Georg Jellinek*는 세기전환기에 "완결성은 법관에게" 법관법적으로 "행동할 의무를 부과함으로써만 달성될" 수 있다는 것을 확인하였다. 왜냐하면 "언제나 항상 어떤 도상에 있는 결정규범은 법관이 자기에게 배당된 모든 사건을 결정할 의무가 있는 한 항상 존재하기" 때문이다. Allgemeine Staatslehre, 3. Aufl. 1966, 356f. — 옐리네크에게 "결정규범"이란 개념은 앞에서 사용된 결정규범이란 개념과 일치하지 않고 '법원과 관청이 지켜야 하는 규정'을 뜻한다. — 법질

개별적인 경우에 입법의 해태가 있다면, 법적 거래의 중요한 필요에 대해서 아직 의회가 대답하고 있지 않다면, 상황은 불만족스럽다. 그러나 그러한 상황은 입법기관이 실천적인 행동을 하지 않은 데서 오는 결과이지 법이론이 불충분하거나 헌법국가가 잘못 구성된 데서 오는 결과가 아니다. 내용적 정의를 얻고자 하는 노력은 기본법의 유형을 한 국가에서는 권력분립에 의하여 파괴되었고 분업적으로 세분화되었다. 그러한 노력을 할 의무는 입법부가 진다. 법관의 경계유월은 입법기관의 법적·정치적 책임을 경감하는 데 허용되지 않는 그리고 단순히 실제적으로만 보면 또한 반드시 바람직한 수단도 아니다. 위법한, 실정법에 근거가 없는 결정을 내리는 대신, 어쩌면 있음직한, 그러나 결과적으로는 후에 성립한 관습법을 통해서는 추구할 수 없는 정당화를 위하여 불법한 출발신호를 올리는 대신, 법원은 그의 정확한, 그러므로 예컨대 제고된 관심을 끌 전망이 큰 기각판결의 결정이유에서 곤경을 표시할 수 있다. (최고법관의) 판결에서 보내는 신호보다 법정책적으로 더 영향력 있는 논쟁의 출발은 거의 없다. 그와 동시에 책임은 책임이 속하는 곳으로, 정치적 의견형성과 의사형성의 과정으로 그리고 입법기관의 결정작업으로 연결된다. 법원이 실정법을 침해하지 않고, 그러나 그럼에도 불구하고 실정법을 넘어, 즉 **법정책적으로** 시작할 수 있는 것은 촉구판결에 의하여 인상 깊게 관찰된다. 특히 연방헌법재판소는 의회에 비공식적으로 영향력을 행사하는 여러 단계의 도구를 발전시켜왔고 필요하다고 생각되면 그것을 투입하기도 한다. 법관법의 창조를 방지하고 정확하게 법관법보다 우선하는 실정법적으로 '소극적인' 법원의 판결은 규범텍스트를 생산하는

서의 통일성과 완결성이라는 구상과 관련하여 **판결거부금지**에 대하여는 F. *Müller*, Die Einheit der Verfassung, 1979, 98f., 108ff. — **"촉구결정"** 일반에 대하여는 *Ebsen*, Das Bundesverfassungsgericht als Element gesellschaftlicher Selbstregulierung, 1985, 95ff.

제 위원회에 대하여 법적 일상에서 발생하는 문제가 주는 압박을 만들어 내거나 강화시킨다. 이러한 압박은 예컨대 현행 입법기 종료시까지 기한지정, 세분화된 위헌결정, 예방적 "경고조치"를 포함하는 판결의 과도기적 제안과 같은 입법자에 대하여 소구할 수 있는 청구권을 주지 않는 객관적 기본법위반의 확인 그리고 그와 유사한 것과 같은 수단에 의하여 명백히 강화된다. 그에 반하여 '아마추어 경마기수 전통'과 같은 독단적인 법관의 정립은 거꾸로 입법자에게 동기를 박탈하여 책임을 질 그리고 그와 함께 또한 행동할 동인을 감소시키는 방향으로 역작용한다. 제국재판소 시대 이후에 법관법적으로 해결된 문제사건들에서 민사입법의 무사안일이 그에 대한 분명한 증거가 된다.

기본법의 헌법국가에서 정의는 분업에 의하여 추구된다. 법관은 더 이상 솔로몬 *Salomon*이 아니다. 법관은 조직된, 민주적으로 지지되는, 법치국가적으로 형식을 갖춘, 소송법적으로 규정된 단계와 결정유형에 기속되는 국가권력의 일부이다. 기본법 제20조 제3항과 제97조 제1항은 규범정립에 대한 수권규정이 아니라 규범을 따를 것을 지시하는 기속규정이다. 법관법에 관한 학설은 오래된 법제사적 단계로부터 이해할 수 있는, 그러나 법적으로는 오늘날 더 이상 주장될 수 없는 방법으로 이 전체영역에서 점점 사라져 없어진다. 그 학설은 솔로몬적 상황만을, 즉 법 — 결함 있는 실체적 규범질서 — 을 찾는 자가 조정할 것만을, 즉 "서유럽 문화권의 기본입장으로부터", "모든 시대와 민족의 전문가들"[80]의 통찰로부터, 정의의 "제" 원리로부터,[81] 정립된 법질서를 넘어 구제책을 걱정하는 거만한 재판관만을 집중적으로 조명하고 있다. 이러한 억지로 좁혀진,[82] 헌법의 틀 내에서 자기

---

80) *Wieacker*, Gesetz und Richterkunst, 1958, 12f.
81) *Coing*, Grundzüge der Rechtsphilosophie, 2. Aufl. 1969, 340f.

편에서 정말로 '결함 있는' 시각은 '지금 이곳에서'(hic et nunc), 당장 그리고 군더더기 없이, 개별사건에서 무슨 일이 있어도 "바로 그" 정의를 창조하지 않으면 안 되게끔 저항할 수 없는 압력을 행사하는 것처럼 보인다. 그와 동시에 독립성 없이 포섭하는, 기계적으로 "적용하는" 보잘것없는 법률가상은 법관법을 정립하거나 변명하는 사법의 심급에 의하여, 베버 *Max Weber*가 전적으로 조롱한 것처럼,[83] 그렇게 주도면밀하게 위협적인 것으로 묘사된다. 이와 같은 것은 이 현실과 동떨어진, 구체화의 일상적 실무와 결합될 수 없는 과장은 음울한 풍경 앞에서 법관의 창조성의 불가피성을 실정법적으로 더욱 더 무비판적으로 주장할 수 있기 위한 그리고 법관에게 최소한 입법자가 하지 않은 그곳에서만이라도 법관에게 '창조적' 법적 활동의 이론의 여지가 없는 필요성[84]을 강력하게 방어하기 위한 것이라는 생각과 가깝다. 그와 동시에 다른 것과 함께 사법권은 (거의) 결코 적용하지

82) 이곳에는 연방법원의 '아무추어 경마기수-판결'의 경우에서처럼 기본법 제100조 제1항에 따른 제소결정에 대한 법적 의무를 무시한 것도 속한다.

83) 한편으로는 다음과 같은 '소라야-결정'에서 한 연방헌법재판소의 표현방법을 보라. "엄격한 법률실증주의"; 법관법을 승인하는 데 대한 **대안**으로서 "입법자의 지시를 가능한 어의(語義)의 경계에서 개별사건에 적용하는" 데 제한된 사법; 법관법 밖에서 "입법자의 결정을 인식하고 말하는" "법관의 활동" — BVerfGE 34, 269ff., 286ff. — 다른 한편으로는 다음과 같은 *Max Weber*, Rechtssoziologie, 2. Aufl. 1967, 336을 보라. "조문과 계약을 단순히 해석하는 데 묶여 있는, 그것에 사람들이 위에서 비용과 함께 사실을 집어넣으면 밑으로 결정이유와 함께 판결을 뱉어내는 법자동기계의 상황은 현대의 법실무가들에게는 저급한 것으로 생각되고 법전화된 형식적 성문법의 보편화됨으로써 점점 더 곤혹스러운 것으로 받아들여진다. 본문에서 따르고 있는 인용은 같은 곳.

84) 법관의 법계속형성은 "현대사회에서는 바로 없어서는 안 될 것"이라 할 것이다, BVerfGE 65, 182ff., 190 — 역사적 배경에서는: 오직 현행법에 대한 예언자만이 "정말로 의식적으로 '창조적으로', 즉 새로운 법을 창조하는 행동을 취하였다.; *Max Weber*, Rechtssoziologie, 2. Aufl. 1967, 345.

않는다는 것, 사법은 법규범을 항상 사건에서 창조해야 하고 해도 된다는 것 — 그리고 그것도 '법관의 법계속형성'이나 '법관법'이 의미를 가지는 것처럼 결정유형 밖에서, 개념을 위하여 — 이 간과되고 있다. 법관의 법계속형성은, 지배적 학파가 규범과 혼동하고 있는 규범텍스트로부터 관찰하면, 보통의 경우라는 것은 시인되지 않는다.

합리적인 논증을 표류하게 하기 위하여 보통 흠결을 확인하거나 주장한다. 하나의 법질서는 결코 무흠결일 수 없으며,[85] 그리고 그렇기 때문에 법관이 흠결을 완결해야 한다는[86] 고백은 모순이다. 그 고백은 이성법적 체계사고의 의심스러운 유산을 버리지 않고 여전히 법률실증주의의 함정에 빠져 있다. 현행법질서의 "의미전체"가 법관법적 원권한(原權限)에 의하여 흠결 있는 '현행법질서', 즉 규범텍스트 집합[87]을 대신한다. 그러나 필연적으로 흠결이 있는 것의 전체의미는 그 편에서 의당 완전한 것이어야 한다. 즉 최고 법관의 "자의(恣意)로부터 자유로운" 스스로 증명된 "실천이성"[88]에 의하여 표명된 "가치관"의 느슨한 무더기는 결함 있는 실체법의 틈 속으로 밀고 들어가 결정사건을 위해서 그리고 또한 미래의 사건유형을 위해서 결함 있는 실체법을 완전하게 만든다. 그러한 무더기는 규범과 법에 의해서가 아니라 '가치'와 '의미'에 의해서 그렇게 엘리트적인 행위를 정당화한다. 그러한 무더기는 기능, 권한 그리고 절차에 관한 법치국가적·민주

---

85) 특히 분명한 것은 '소라야 결정', BVerfGE 34, 269ff., 287이다.

86) 이미 자연법적으로 논증하는 *Hermann Kantorowicz(Gnaeus Flavius)*, Der Kampf um die Rechtswissenschaft, 1906, 14가 그러하다. 자유법은 "법률의 무흠결성의 교의"에 반대한다; 결론은 다음과 같은 것이어야 할 것이다, "결국 법률은 자유법으로부터 그 자체 완결되어야 하고, 그 흠결은 보충되어야 한다."

87) 또한 해당 결정규범 텍스트 집합의 법규적 효력을 가진 법원결정에서; 특히 연방헌법재판소법의 경우에 그러하다.

88) 이 표현은 BVerfGE 34, 269ff., 287에 있다.

적 질서에 반하여 법관법적 행위를 정당화한다.

이러한 비이론적이고 사이비-방법론적인 전략은 특히 비일반적, 계층결합적, (무)의식적으로 특정된 이해관계에 대하여 의무가 부여된 법관의 평가[89]라는 귀찮은 문제를 배제하는 것에 의당 도움이 되어야 함에도 불구하고 명시적으로 "실천이성"과 "공동체의 확실한 일반적(!) 정의관"[90]을 지킬 의무가 있음이 자명하다.

이곳에는 민법의 개별사건에서 '법계속형성'을 변명하려는 사이비-해석론과 유사한 것이 있다. 그와 동시에 본질적으로 상이한 종류의 **규범텍스트-대체물**에, 즉 "일반적 법사고"에, "바로" 법에, "법이념"에, 요컨대 분명히 '실정법 밖에'(extra legem) 있는, 그러나 동시에 이른바 '법 안에'(intra ius) 있는 유사-규범텍스트에 **실증주의적으로 포섭**하려는 숨겨진 의도가 있다는 것이 증명되었다. 실증주의는 그렇게 극복되지 않고 이른바 한층 높은 차원에서 계속된다. 실증주의는 실증주의 이후의 법이론과 방법론에 의하여 낡은 것이 되는 대신 보존된다.

법관법적 실무와 이론의 다양한 전략들은 이렇게 다중적(多重的)으로 매우 커다란 곤경에 처해 있다. 법률실증주의는 지배적 학파에 의하여 극복되지는 않았지만 일반적으로는 신빙성이 없는 것으로 통한다. 이러한 첫 번째의 모순으로부터 법원의 실무를 위한 두 번째의

---

89) 그러한 종류의 규범텍스트로부터 분리된 평가에 대하여 *Ryffel*, Rechtssoziologie, 1074, 343은 다음과 같이 설명한다: "공동체에 의하여 요구되는 법왜곡은 사회의 제 요소로부터 배제될 수 없고 그로부터 설명되어야 하는 상이한 정당성관념에 의한 법의 정당성에 대한 침해이다." — 원칙적으로, 즉 **법비교**에 의한, **법복종 및 사회적 관련에 의한 결정**의 문제에 대한 방법론적 그리고 헌법학설적 관점하에서: F. Müller, Juristische Methodik und Politisches System, 1976, 특히, 19ff., 24ff., 28ff., 44ff.

90) 이 표현은 BVerfGE 34, 269ff., 287에 있다. 원문에는 감탄부호가 없다.

모순이 결론된다. 반실증주의적 겉모습 — "의미전체", "가치", "법이념" 그리고 이와 유사한 것 — 에서 실증주의적 환상은 계속해서 보존된다. 진정한 실정법질서에 고유한 것이 아닌 흠결에서의 자유는 실정법질서의 전체 규범텍스트 밖에서 "바로" 법 안(內)으로 들어가려고 하나 그것은 허사로 끝난다. 법은 별다른 이유 없이 획기적으로 "정의"로 변화된다. 법질서와 법은 전체론적 양식의 권위적인 언어과정에서 자신을 종종 전적으로 참말로 받아들이지 않는 비합리적인 방법론에 의하여 그리고 결정주의(결단론)적 결정태도에서 지배될 수 있는 것으로 설명된다.

그에 대한 대안은 오래된 이성법과 그 이후의 법률실증주의의 경건한 희망으로부터 독립하는 것이다. 그를 위해서는 특히 사실상의 사회적 규율필요성으로부터 법질서의 그때그때의 전체 규범텍스트를 구별하고 그리고 그와 함께 모든 실정법의 흠결성을 주어진 것으로 감수하여야 한다. 그리고 덧붙여 말하자면 법관법적으로 풍성해진 체계도 여전히 불완전한 것으로 남아 있다. 헌법의 기능규범들과 권한규범들이 존중되어야 하며, 소송법과 절차법은 실체법과 동급으로 취급되어야 한다. 법과 법정책은 진솔하게 구별되어야 한다. 즉 규범텍스트에서 이미 체계화된 결정은 그와 나란히 또는 그를 넘어서 바람직한 것으로 간주되는 그 밖의 모든 결정들로부터 구별되어야 한다. 규범에 반하여 경계를 유월하지 않는 이상 법과 법정책 모두에게 그들의 몫이 주어져야 한다.

지배적인 학설은 여전히 실증주의의 교의를 포기하여야 한다는 더 이상 새롭지 않은 견해에 무감각해 있고, 법관의 행위를 항상 독자적이고 책임지는 것으로 파악할 과제를 혼동하고 있는 것으로 생각된다. 그렇지 않다면 왜 '법관법'이라는 전혀 다른 문제에 대한 논쟁이 그것이 시작된 지 백년이 지난 오늘날에도 법'적용'은 완성되어 주어진 규범에 실제의 사건을 포섭하는 일에 지나지 않는다는 것으로써 정당화되어야 하는지를 전혀 설명할 수 없을 것이다. 막스 베버 *Max Weber*는 사람들이 실증주의에 대한 숙고를 거쳐 반응하지 않고 법관에게 이제부터 "'창조자'의 왕관을 씌운다면", "법적 작업의 정확성은 … 상당히 강한 손상을 받을 것"라고 기록하였다.[91]

법실증주의로부터의 영속적인 이별은 예컨대 이제부터 실정법적으로 더 이상 지지될 수 없는 결정을 (칸토로비치 *Kantorowicz*처럼 공개적으로) "최후의 정당성사고",[92] "정의의 제 원칙",[93] "헌법적 가치질서" 또는 "법질서의 일반원칙"[94]과 같은 종류의 자연법적인 또는 유사-자연법적인 법관법원에 허위로 그리고 숨기면서 포섭하는 식의 궤도수정을 요구하지 않는다. 실증주의적 포섭으로부터의 방향전환은 오히려 위조된 삼단논법의 모델로부터 구체화구상으로 방향을 전환하는 결과가 된다.[95]

이러한 구상은 또한 그 기초를 이루는 질문을 그 객관적인 핵심에 한정시키고 그리고 그럼으로써 다음과 같은 대답을 가능하게 만드는 법관법을 둘러싼 논쟁을 바로잡을 수 있다. 즉 '법관법'으로 지칭되는 것은 그것이 정당화될 수 있는 곳에서는 정상적인 법적 작업의 구성부분이지 독립된 것이 아니다.[96] 그에 반하여 법관법이 현행법의 규

---

91) *Rechtssoziologie*, 2. Aufl. 1967, 346.

92) *Bartholomeyczik*, Die Kunst der Gesetesauslegung, 2. Aufl. 1960, 119.

93) *Coing*, Grundzüge der Rechtsphilosophie, 2. Aufl. 1969, 341.

94) *Larenz*, Methodenlehre der Rechtswissenschaft, 5. Aufl. 1983, 예컨대 398.

95) 예컨대 **구성적 방법론**을 수용하는 *Schroth*, Philosophische und juristische Hermeneutik, in: A. Kaufmann/W. Hassemer(Hrsg.), Einführung in Rechtsphliosophie und Rechtstheorie der Gegenwart, 4. Aufl. 1985, 276ff., 290f.가 그러하다. — 구성적 방법론은 F. *Müller*, Juristische Methodik, 2. Aufl. 1976에서 전개되었고, ders., Sturktuierende Rechtslehre, 1984에서 속행되었다. — 학문적 토론에서 구성적 방법론의 수용에 대한 더 자세한 증명은 같은 곳. 274ff., 314ff., 385ff., 391ff.

범텍스트에 환원될 수 없게, 즉 독립적으로 발생한 곳에서는 법관법은 정당화될 수 없다. "법관법"으로 표시되는 것은 기본법의 영역에서는 결코 고유하면서 동시에 허용되는 그 무엇이 아니다.

그러므로 실증주의적으로 제한된 법적 개념을 대신하는 것은 정확성이 의심스러운 "사회학적이면서 동시에 경제학적인 또는 윤리학적인 추론"[97]이 아니라 현실적 규범이론과 그것에 의존하는, 이 오래된 문제에 대한 합리적인 방법론과 해석론이다.

---

96) 이는 또한 유추에도 적용된다. 유추가 정당화될 수 없는 역추론에 의하여 허용되지 않는 한, 유추에 의하여 생산된 법규범과 결정규범이 (하나 또는 여러 개의) 규범텍스트에 방법적으로 환원될 수 없는 한(법률추론 내지는 '법추론') 문제가 되는 것은 법관의 정립이 아닌, 허용되는 구체화이다. 허용되는 구체화를 찬성하는 전형적인 논거는 **체계적, 규범관련적·해석론적** 그리고 **법정책적** 구체화요소이다, 이러한 요소들에 대하여는 F. *Müller*, Juristische Methodik, 2. Aufl. 1976, 162ff., 184ff., 194ff. — 진정한 법관법의 경우에는 — 사비니 *Savigny* (Juristische Methodenlehre, hrsg. von Wesenberg, 1951, b39ff., 42)의 표현을 기억한다면 — "외부에서부터 그 무엇(정확하게는 규범텍스트)이 놓여진다." 그에 반하여 (규범텍스트에 환원할 수 있는) 유추의 경우에는 "입법은 자기 자신으로부터 보충된다."

97) 그러한 한에서 정당하게 비판적인 *Max Weber*, Rechtssoziologie, 2. Aufl. 1967, 346.

인 명 색 인

H

Harenburg 121
Hassemer, W. 195
Hegel 28
Hegenbarth 127
Heinz 69
Hesse, K. 109, 138, 177
Heusinger, B. 174
Hirsch, J. J. 44, 174
Horn, D. 69

I

Ipsen, J. P. 17, 40, 106, 108, 109, 122,
131, 165, 170, 171, 172
Isay 17, 34, 121, 161, 165

J

Jellinek, Georg 124, 188
Jesch 177

K

Kantorowicz, H. 17, 30, 192, 195
Kaufmann, Arthur 46, 195
Kelsen 44, 49, 50, 75, 83, 121
Kirchhof, P. 121, 171, 181
Knieper 109
Knittel 21
Koch 26, 37, 96, 121
Köhler, M. 94 - 96, 99
Krawietz 16, 23, 143

Krey 109
Kriele 16, 26, 41, 49, 75, 168, 169
Kromer 127
Kruse 21, 160

L

Laband 54
Larenz 22, 26-28, 30, 36, 38, 52, 68, 105,
109, 121, 129, 161, 162, 166, 167, 174,
175, 195
Luhmann 160, 165

M

Marcic 15
Martens 23, 26, 35, 39, 168
Maurer 43
Meier-Hayoz 15, 22, 32, 39, 44, 124
Menger, Ch.-F. 109
Merten 109
Meyer-Cording 179 - 182
Meyer-Hentschel 166
Mugdan 175

N

Nipperdey 173 - 175

O

Öhlinger 143
Olzen 39, 155, 160, 168, 174
Oppermann 136

사항색인

ㄱ

옮긴이 소개 _ 홍성방

1952년 제주 출생

고려대학교 법과대학 및 동 대학원 석사박사과정 수료

독일 Köln대학교에서 법학박사학위(Dr. iur.) 취득(1986)

한림대학교 교수(1988-1997)

독일 쾰른 대학교 법과대학 '국가철학 및 법정책연구소' 객원교수(1994-1995)

제7회 한국헌법학회 학술상 수상(2005)

사법시험 및 각종국가시험위원, 한국공법학회 부회장, 한국헌법학회 부회장, 한독법률학회 부회장, 안암법학회 부회장, 한국가톨릭사회과학연구회 회장, 한국환경법학회 부회장 역임

현재 서강대학교 법학전문대학원 교수

저서·역서·논문

1. Soziale Rechte auf der Verfassungsebene und auf der gesetzlichen Ebene, Diss. Köln(1986)

2. 해방과 정치계몽주의, 도서출판 새남, 1988(M. Kriele, Befreiung und politische Aufklärung, 1980)

3. 민주주의 세계혁명, 도서출판 새남, 1990(M. Kriele, Die demokratische Weltrevolution, 1987)

4. 법과 실천이성, 한림대학교출판부, 1992(M. Kriele, Recht und praktische Vernunft, 1979)

5. 법발견론, 한림대학교출판부, 1994(M. Kriele, Theorie der Rechtsgewinnung, 2. Aufl. 1976)

6. 마르크스주의와 수정사회주의, 도서출판 새남, 1996(B. Gustaffson, Marxismus und Revisionismus, 1972)

7. 국가론, 민음사, 1997(H. Heller, Staatslehre, 6. Aufl. 1983)

8. 헌법 I, 현암사, 1999

9. 헌법정해, 신영사, 1999

10. 헌법요론, 신영사, 1999(2005 : 제4판)

11. 환경보호의 법적문제, 서강대학교 출판부, 1999

12. 헌법 II, 현암사, 2000

13. 객관식헌법, 신영사, 2000(2005 : 제4판)

14. 헌법재판소결정례요지(편), 법문사, 2002

15. 헌법학, 현암사, 2002(2009: 개정 6판)

16. 헌법과 미래(공저), 인간사랑, 2007

17. 법학입문, 신론사, 2007

18. 헌법국가의 도전, 두성사, 2007(M. Kriele, Die Herausforderungen des Verfassungsstaates, 1970)

19. 7급객관식헌법, 두성사, 2008

20. 헌법학(상), 박영사, 2010(2013: 제2판)

21. 헌법학(중), 박영사, 2010

22. 헌법학(하), 박영사, 2010(2014: 제3판)

23. 프롤레타리아 계급독재, 신론사, 2011(Karl Kautsky, Die Diktatur des Proletariats, 1918)

24. 국가의 법적 기본질서로서의 헌법, 유로, 2011(Werner Kägi, Die Verfassung als rechtliche Grundordnung des Staates, 2. Aufl. 1971)

25. 국가형태, 유로, 2011(Max Imboden, Die Staatsformen, 1959)

26. 소외론, 유로, 2011(Friedrich Müller, Entfredung, 2. Aufl. 1985)

27. 법발견의 이론, 유로, 2013(M. Kriele, Theorie der Rechtsgewinnung, 2. Aufl. 1976)

28. 법과 실천이성, 유로, 2013(M. Kriele, Recht und praktische Vernunft, 1979)]

29. 정의의 판단기준, 유로, 2014(M. Kriele, Kriterien der Gerechtigkeit, 1963)

30. 법률과 판결, 유로, 2014(Carl Schmitt, Gesetz und Urteil, 1912, 2. Aufl. 1969)

31. '사회국가 해석모델에 관한 비판적 검토', '자연의 권리주체성',
    '독일의 헌법과 행정법에 있어서의 환경보호' 등 논문 다수